특 단 의 기 도

머리말

Extreme Prayer

　본 저자는 성경이 없는 사람들을 충성스럽게 섬겨온 파이오니아 성경 번역 선교회의 남녀노소에게 이 책을 바칩니다. 그들은 다른 사람들이 모국어로 된 하나님 말씀이 삶을 변화시키는 능력을 경험하도록 자신의 이익을 뒤로 한 채 매일 이 사역에 목숨을 걸고 있습니다. 그들은 가족처럼 함께 웃고, 때론 고국과 사랑하는 사람들이 그리워서 외로움에 울곤 했습니다.

　어떤 사람들은 뜨거운 정글을 지나고 모터가 달린 카누를 타야 겨우 집에 이를 수 있습니다. 그들은 가족들을 위해 우물을 팝니다. 때로는 뜬 눈으로 몇 시간 동안 누워서 에어컨의 시원함을 간절히 바라면서 밤새 땀을 흘리기도 합니다. 어떤 사람들은 얼어붙은 북극에도 성경을 갖지 못한 사람이 없는지 확실히 알아보기 위해서 그곳으로 그들의 가족과 열심을 다해 이주하는 것을 본 적도 있습니다. 심지어 어떤 사람들은 단순히 그들의 생명을 지키기 위해서가 아니라, 나중에 현장에 돌아와서 다시 그들을 섬길 수 있도록 전쟁의 문턱에서 피난을 가기도 했습니다.

　이런 비범한 비전을 가진 보통 사람들과 함께 일하는 것이 제 인생의 큰 특권이고 영광입니다. 성경이 없는 주변 사람들의 삶에 하나님 말씀이 영향을 주는 것을 보기 위해서 그들이 얼마나 기쁨으로 고군분투하는지 볼 때마다 항상 경탄했습니다. 세상이란 그들에게는 가치 있는 것이 아니었습니다.(히브리서 11:38 참조)

목 차

특·단·의·기·도

추천사 1　　　6

추천사 2　　　8

추천사 3　　　9

맥스 루카도의 서문　　　11

서론_ 동요하지만 망가지지 않는다　　　15
　　　특단의 기도는 필요로부터 시작된다

1과　백지 수표　　　25
　　　특단의 기도는 "무엇이든지 구하라"는 약속에 접근하게 한다

2과　그 이름의 능력　　　39
　　　하나님은 예수 이름으로 드리는 기도에 응답하신다

3과　백지 위임　　　55
　　　하나님은 믿음과 신실한 기도에 응답하신다

4과   부끄러움 없는 뻔뻔함   67
      하나님은 끈질긴 기도에 응답하신다

5과   교향곡   79
      하나님은 하나로 연합된 기도에 응답하신다

6과   봅슬레이로부터 로켓까지   91
      하나님은 믿음을 세우는 구체적인 기도에 응답하신다

7과   버림받은 마음   105
      하나님은 믿음에 찬 불평에 응답하신다

8과   행군 명령   117
      특단의 기도는 예수님의 기도 약속을 극대화한다

결론   서성거리지 말라   129

권말주석   138

감사의 글   140

저자 및 역자 소개   142

추천사 1

특·단·의·기·도

역자로부터 추천사를 부탁받아 원고를 훑어보는 과정에 몇몇 엇갈린 단상들이 마음을 비집고 들어온다. 기도에 관한 책을 평가하거나 추천할 만큼 기도에 헌신되지 못한 자신에 대한 불편한 인식이 맨 먼저 들어온 생각이다.

한편, 선교단체의 현직 대표가 기도에 관한 책을 썼다는 사실이 솔직히 좀 놀랍다. '그게 왜 놀라운 일이냐?' '선교단체 지도자가 기도를 강조하는 건 너무 당연한 일 아니냐?' 반문하는 독자들이 많을 것이다. 문제는, 그 당연한 게 당연하지 않게 되어버린 현실이다. 명색이 기독교인일 뿐 아니라 유수한 선교단체의 지도자란 사람이 기도의 중요성을 명시적으로 부인하는 경우는 없을 것이다.

그럼에도 불구하고, 기도의 우선순위를 실제로 인정하고 실존적으로 담아내는 그리스도인들이나 지도자들이 의외로 드물게 안타까운 현실이다. 특히 과업지향성이 강한 선교단체들은 맡겨진 일 자체에 몰입된 나머지 실제적으로 기도를 등한시하는 오류에 빠지곤 한다. 산업혁명 이래 성과중심적 가치관이 정치, 경제, 사회 전반을 장악했고, 많은 교회들과 선교단체들도 그 관점에 사로잡혀 경건의 모양만 있고 실체는 사라져버린 결과가 아닐까 싶다.

기도를 주제로 책을 쓴다는 것은 저자가 실제로 기도의 중요성을 인식하고 헌신한 사람이라는 사실을 반증한다. 선교란 인간이 하나님을 돕는 행위가 아니라, 하나님의 선교에 초청받은 우리가 그분의 일에 그분의 방법으로 동참하는 것이다. 하나님이 주도하시는 선교를 인식한 사람이 할 수 있고 해야 할 최선의 일이 기도인 이유다. 기도는 곧 하나님께 의존하는 순종의 표현이다.

이 책은 더 많은 기도행위를 더 열심히 하자는 데 초점을 맞추지 않고, 성경이 가르치는 기도의 본질과 원리를 따른 바른 기도를 제안한다. 저자의 풍부한 현장경험이 우러나면서도 기도에 관한 주관적, 체험적 자기주장을 펼치는 게 아니라, 성경의 원리에 기반한 건강한 기도의 방향을 제시하고 부추기는 귀한 책이다. 삼위 하나님의 주권적 선교에 초청받아 그분의 방법으로 동참하기 원하는 모든 이들에게 이 소중한 책을 추천한다.

- 정민영, 전 국제위클리프(Wycliffe Global Alliance) 부대표

추천사 2

특 · 단 · 의 · 기 · 도

〈특단의 기도〉는 파이오니어 성경번역선교회 그렉 프루엣 회장이 쓴 책입니다. 기도응답의 체험없이 이론적으로만 쓴 책이 아니라, 개인과 가정의 기도응답과 선교지의 죽어가는 아이가 살아나는 기도응답까지 구체적으로 체험하면서 깨달은 내용입니다.

프루엣 선교사는 서아프리카에서 선교할 때 가정도 이혼 직전, 선교도 포기 직전까지 갔지만 기도로 회복되는 경험을 했습니다. 눈동자에 전혀 반응이 없던 3세 아이가 기도를 통해 눈동자가 반짝반짝 하며 살아나는 경험도 했습니다. 해결이 불가능해 보이는 문제가 기도로 해결되는 기적을 체험한 것입니다.

이 책은 선교의 눈도 뜨게 하고 기도의 무릎도 강하게 합니다. 성경과 기도에 집중하는 생명선교의 발동도 걸어줍니다.

기도하지 않거나 기도하다가 그만두고 싶거나 아예 기도를 포기한 사람도 이 책을 통해서 기도의 도전과 감동을 받고 기도의 의욕이 솟구치는 것을 발견할 것입니다. 기도응답의 희망 뿐 아니라 기도응답의 체험도 감격스럽게 할 것입니다.

- 권성수, 대구동신교회 원로목사
/미국 웨스트민스터 신학교 겸임교수

추천사 3

"특단의 기도"는 일상적인 삶과 그들의 문화 속에서 선교적 접촉점을 만들어 관계를 형성하고 더 나아가 기도를 통해 복음을 전하는 필자의 선교 방법은 오늘날 타문화권에서 사역하는 선교사에게 문화를 향한 복음의 접촉점이 얼마나 중요한지 깊이 생각하게 합니다.

이 책, "특단의 기도"는 매 주제마다 토론을 위한 질문이 있어서 독자로 하여금 서로의 기도 생활을 나누도록 돕고 각자의 삶에서 문제가 일어난 이유와 기도 응답에 대해서 스스로 살펴보게 하는 기도의 좋은 학습서입니다. 무엇보다도 기도를 신학적으로 서술한 것이 아니라 필자의 삶의 경험을 바탕으로 진솔하게 기록한 내용이기에 독자로 하여금 타문화권 선교에 있어서 기도의 중요성을 깨닫게 하기도 합니다.

기도의 의무만 강조하는 기도 책은 우리의 마음을 무겁게 하기 마련입니다. 하지만 그렉 프루엣(Greg Pruett)의 체험적 간증은 독자로 하여금 기도의 자리에 나아갈 수 있는 용기와 힘을 주고 있습니다. 모든 그리스도인들에게 이 책이 필요하겠지만 특히 선교 현지에서 치열한 영적 전쟁을 벌이고 있는 선교사들과 선교사 후보, 특히 단기 사역에 관심을 갖고 성령님의 인도하심을 구하는 이들에게 일독을 권합니다. "특단의 기도"가 많은 영혼들을 그리스도에게로 이끌게 되리라 믿습니다.

- 강대흥, KWMA(한국세계선교협의회) 사무총장

서문

　나는 지금 사무실의 창문에서 번화한 거리를 내려다보고 있습니다. 하루 중 어느 때라도 계속해서 지나가는 차량들을 볼 수 있습니다. 각 차량 운전자에 대해서 전혀 알지 못하지만 어느정도 짐작할 수 있습니다. 그들은 탱크에 연료를 넣었습니다. 각 사람들은 연료를 다시 채워 넣기 위해서 연료 펌프 앞에서 꽤 오랜 시간동안 멈춰 서 있었습니다. 연료가 없다는 것은 힘이 없다는 것을 의미합니다.

　기도도 이와 같지 않을까요? 많은 사람들이 자신의 삶을 살아가고 있습니다. 어떤 사람들은 전혀 힘을 들이지 않거나 약간의 힘만으로도 속도를 냅니다. 그러나 많은 사람들은 지쳐서 숨을 헐떡이고 있습니다. 그들의 연료 탱크는 비어 있고, 짐은 무겁습니다. 그들의 삶에는 힘이 필요하고 기도가 필요합니다.

　아, 그러나 기도는 정말로 수수께끼입니다. 하나님께서 제 말을 왜 들으시겠어요? 하나님께 제 생각이 왜 중요할까요? 제 기도가 하나님의 영원한 계획에 영향을 미칠까요?

　제 친구 그렉 프루엣이 그렇다고 말합니다! 그가 기도에 대한 그의 생각을 이 매우 귀중한 책에 정리했다는 것에 감사하고 있습니다. 이 책은 아무리 추천해도 부족합니다.

그렉 또한 아무리 추천해도 부족할 정도로 훌륭한 사람입니다. 저는 그를 25년 넘게 알고 지냈습니다. 1988년 제가 아내와 브라질에서 샌 안토니오로 이사했을 때 그의 가족들과 공항에서 만났습니다. 저는 그의 부모님들과 리더십 활동, 예배, 심방등 활동을 함께 해 왔습니다. 저는 그렉이 우리 세대의 가장 영향력 있는 지도자 중 한 사람으로 성장하는 것을 보아왔습니다. 그는 엔지니어, 언어학자, 성경 교사로 훈련을 받았습니다. 그는 현재 전 세계의 성경이 없는 종족의 언어로 성경을 번역하는 데 전념하는, 활기찬 선교기관인 파이오니아 성경번역 선교회(Pioneer Bible Translators)의 회장으로 섬기고 있습니다.

그렉과 그의 아내 레베카, 그리고 파이오니아 성경번역 선교회(PBT) 팀 전체가 우리에게 기도 위에 세워진 사역의 능력을 가르치고 있습니다. 최근의 경제 불황 기간 동안 다른 여러 선교 기관들이 어려움을 겪을 때도 파이오니아 성경번역 선교회는 번창했습니다! 다른 사람들이 기반을 잃어가고 있을 때, 그들은 굳건히 자리를 잡았습니다. 왜일까요? 그들의 대답은 '기도', 즉 구체적이고, 지속적이고, 급진적인 기도입니다.

  하나님은 그들을 사용하셔서 우리를 일깨우십니다. "연료를 채워라! 능력을 받기 위해 내게로 오라! 타고난 힘에 의지하는 것은 이것으로 충분하니, 나의 초자연적인 높은 차원의 능력에 의지하라."

  당신을 위해서 이 책을 읽어보십시오! 그렉을 새로운 능력의 차원으로 이끄는 멘토로 삼아보십시오.

  그렉, 이 책을 집필해 주셔서 감사합니다!

  하나님, 이 책을 주셔서 감사합니다!

  우리가 이 책을 잘 사용하게 해 주옵소서.

맥스 루카도

2013 년 8월

서론

동요하지만 망가지지 않는다
특단의 기도는 필요로부터 시작된다

태양의 뜨거움이 나를 거의 서아프리카의 피난처인 집으로 돌아가게 만들었다. 그러나 나는 가슴의 찌르는 듯한 고통 때문에 데인 피부 상처의 고통을 느끼지 못했다. 먼지 덩어리가 내가 급히 지나 온 마을부터 길을 건너 밀림으로 들어가는 작은 길까지 내려가는 속도를 표시하고 있었다. 그렇다! 내 사역은 끝났다. 결혼생활도 끝났다. 끝이다. 은둔한 어떤 선교사처럼 숲속으로 사라져서 결코 돌아오지 않으리라.

집을 떠나서 멀어질수록 잡목 무성한 오솔길을 침묵이 점차 점령 해 왔다. 다만 지나가는 벌레의 윙윙거리는 소리나 간혹 새들의 울음이 한낮의 열기속의 고요함을 혼란케 했다. 그러나 내 안은 결코 조용하지 않았다. 나는 분노로 하나님께 도전하고 있었다. '하나님, 어찌 내게 이러실 수가 있습니까!'

어쨌든, 예수님을 이해할 수도 없었고, 심지어 하나님이 그들을 사랑한다는 것 조차 들어보지 못했던 사람들의 무리 가운데에 있는 단 하나의 작은 교회, 생존하기에 급급한 작은 교회가 있는 문화에서 그들을 섬기기 위해 이 미친 꿈을 쫓도록 나를 간절히 찾아 불러낸 분은 그 분이시다. 나는 내 삶을 바쳐 고작 스무 명 정도의 그리스도인들과 코란을 자신의 거룩한 책이라 알고 귀히 여기는 사람들 속에서 성경을 번역하려고 여기 작은 아프리카의 마을에 정착을 했다. 나는 이 곳에서 수 십년 동안 살면서 이 사람들이 그들의 말로 된 하나님의 말씀을 가지도록 도울 계획이었다. 주변의 모든 마을에 교회가 생길 때까지 적은 수의 그리스도인들이 늘어나도록 돕고 싶었다. 나는 하나님께서 내 삶을 자랑스럽게 여기시기를 간절히 바랬다.

나는 방향도 없이 길을 헤매면서 하나님께 물었다. 하나님, 어찌하여 아내와 평화롭게 살아가는 가장 기본적인 것에도 실패하여 나의 선교가 죽어가도록 내버려 두십니까? 나는 무엇이 우리 아기를 계속 울게 하며 잠을 못 자게 하는지 생각해 보았다. 나는 왜 서로에게 소리지르며 수면 부족에 빠져 살아가게 되었는지 되새겨 보았다.

낮 시간이라고 더 평화롭지는 않았다. 몇 주 동안이나 목수가 집에서 천정을 짓고 있었다. 숲에 쓰러져 있는 통나무로 판자를 일일이 손으로 다듬고 있었다. 귀가 터질 듯한 쿵쾅 거리는 소음에서 우리가 피할 안식처는 없었다. 설상가상으로 수도물도 없고 세탁기도 없었다. 그래서 옷이나 기저귀를 손으로 빠느라고 우리는 많은 힘을 소비했다. 선교에 진척을 보이는 것보다 겨우 살아가는 것 때문에 우리의 모든 시간을 소비한다는 것은 도무지 가치있는 일 같지 않았다.

지금쯤엔 마을에 사는 모든 사람들이 우리 스스로가 꿈의 무게에 짓눌려 붕괴되어 가고 있음을 알게 되었을 것이다. 그들이 영어를 할 줄 알았더라면, 우리 집에서 나는 소리를 들을 수 있는 거리에 있는 사람들은 누구라도 우리가 선교 활동을 포기할 뿐만 아니라 집에 가자마자 이혼하기로 결정한 것을 들었을 것이다. 만일 우리가 공항에서 멀리 있지만 않았더라도 지금쯤 실제로 선교 현장을 떠났을 것이다. 저 포장된 도로를 가로 지르는 기념될 만한 여행길이 우리를 붙잡고 있던 마지막 장소이었을 수도 있다. 우리는 벼랑 끝에서 흔들리고 있었고 더 이상 현실을 직면할 수가 없었다. 나는 다시는 돌아오지 않겠다고 맹세하며, 마치 스스로를 타잔이 된 듯이 여기며 계속해서 나 자신과 하나님께 투덜거리며 숲속으로 걸어 나갔다.

땀을 흘린 몇 시간 후에 나는 그리 많이 걷지 못했음을 알았다. 나는 이곳에 도착해 구름떼 처럼 몰려 든 모기떼에 쫓기며 기대에 찼던 첫날 밤을 생각했다. 어두움 가운데서 기어 들어오는 죽음의 초록 맘바 독사는 또 어떠헸던가? 나의 결심은 태양이 떠오르자 가라앉기 시작했다. 내가 밀림의 은둔자로서의 다른 삶을 생각하며 집에서 얼마나 떨어져 헤맸을까 추측할 때에 차들이 달리는 소리를 들었다. 나의 타잔으로서의 경력은 GPS가 없어서 슬프게도 짧게 끝나고 말았다. 나는 골목길로 잘못 돌아가서 큰 원을 그리며 우리 집 옆에 있는 고속도로를 다시 걸었다. 마치 요나가 니느웨 근처 해변에 토해 내쳐진 것 같았다. 하나님은 결코 나를 그냥 두지 않으셨다. 밤이 어두워지자 아무 말도 없고 얼어붙을 것 같은 분위기로 가득 찬 집으로 살금살금 들어왔다. 나는 레베카에게 타잔이 되려고 했던 생각에 대해 말하지 않았다.

서로의 감정이 절벽으로 떨어지기 직전에 마지막으로 생명을 구해 줄 나뭇가지 하나를 필사적으로 붙들기로 결정했다. 우리는 일주일 동안 산에 있는 오두막 수양관에 가서 하나님께 부르짖는 일에 전념하기로 했다. 하나님께서 엉망진창이 된 우리의 삶을 고쳐 주실 수 있을까? 우리가 오두막 수양관에 도착하자마자 아기가 유행성 이하선염에 걸렸고 레베카는 이름도 없는 열대성 전염병을 앓았다. 일주일 내내 아기는 괴로워하고 레베카는 울부짖었다. 나는 그저 아기와 레베카가 건강하게 되도록 간호할 뿐이었다. 우리는 마침내 집으로 돌아오는 차 안에서 기도했다.

우리가 너무 낙담해서 조리 있는 기도를 드리지 못하게 되어도, 하나님은 포기하는 것보다 하나님께 기도하고자 한 우리의 결정을 존중하셨다. 하나님께서 주의 깊게 우리의 "말할 수 없는 탄식"(롬 8:26)을 고려하셨다. 사실상 레베카와 나에게는 그 주간이 우리의 결혼생활과 선교사역의 전환점이었다. 기도원에서 집으로 돌아오는 길에 신나게 말하기도 하고 기도하기도 했던 것을 기억한다. 우리는 새로운 결심, 기도를 위한 새로운 헌신, 서로를 위한 새로운 열정, 우리의 사역에 대한 새로운 소망으로 즐거워했다.

산에 있는 오두막 수양관에서 멀리 운전해 오면서 우리의 삶은 변화되기 시작했고 모든 것이 달라졌다. 아기가 밤에 잠을 자기 시작했고, 다른 문제들이 갑자기 훨씬 더 쉬워졌다. 우리는 삶의 행로에서 투쟁해 왔지만 절망이 우리를 지배하지는 못했다.

그 후 12년 동안 성경을 그 모호한 서아프리카 언어로 번역했다. 우리들은 그 마을에서 세 자녀를 키웠다. 매해 선교지에 도착한 날이 되면 나는 우리 집이 있는 붉은 자갈이 덮여 있는 언덕을 개간하여 꽃나무나 예쁜 관상목 나무를 심곤 했고 레베카는 다만 미소만 지었다. 전에는 원시적인 잿빛 콘크리트 색깔이었던 집이 지금은 꽃들에 둘러쌓인 숲을 이루어 사랑의 속삭임이 들려오는 유적지가 되었다. 나는 매일 아내를 더 사랑하게 되었고, 지금 내가 살고 있는 이 삶을 세상 그 어떤 것과 바꿀 수 없게 되었다.

그러나 선교사의 삶을 이루어 가기 위해서는 선택을 해야 한다. 우리가 세속적인 도전 사이에서 살아남기 위해서는 절망보다 기도를 선택해야 했다.

현세의 도전에서 살아남기 위해서는 절망대신 기도를 선택하십시오

하나님이 나를 마지막으로 잡고 있던 가지로부터 떼어내 버리신 일은 나로 하여금 실제로 존재하시는 하나님을 발견하게 하심이었다. 어렴풋했던 하나님을 이제는 내 삶의 적극적인 참여자로 삼게 되었다. 하나님은 내가 성공이냐 실패냐를 논할 때 기도가 핵심 요소임을 알기를 원하셨다.

당신은 모든 영적 생활 전체가 폭발해 버리는 것 같을 때 어떻게 할 것인가? 당신에게 하나님은 실제로 존재하시는 분인가, 아니면 자신을 의지하는가? 이 책을 읽기 시작한 당신은 메마른 영적 황무지에서 하나님과 멀리 떨어져 있음을 발견할 수도 있다. 당신의 가슴은 하나님에 대한 열정이 식어 버릴 수도 있다. 이전에 드린 기도들이 응답없이 흘러가 버린 것 같아 불신앙으로 문제를 다루고 있을 수도 있다. 선의의 친구들이 당신에게 말하기를 믿음에 대해 의심이 생길때 이 전염병을 극복하는 방법은 믿음이 있는 척 하며 행동하는 것이라는 충고를 믿고 믿음이 있는 척 행동하고 있지는 않는가?

믿음이 있는 척 하는 것은 방법이 아니다. 당신은 하나님이 그의 권능으로 당신에게 임하시기를 간구하며 하나님이 오셔서 당신을 찾으시기를 기다려야 한다.

"내가 여호와를 기다리고 기다렸더니 귀를 기울이사 나의 부르짖음을 들으셨도다. 나를 기가 막힐 웅덩이와 수렁에서 끌어올리시고… 새 노래 곧 우리 하나님께 올릴 찬송을 내 입에 두셨으니(시편 40:1-3)".

효과적인 기도는 예수님께 부르짖는 겸손한 자세로부터 시작된다. 조용한 곳에 가서 무릎을 꿇고 앉아 "하나님, 나는 당신을 잃어버렸고 내 힘으론 찾을 수가 없습니다" 라고 속삭여 보자.

"내가 주님을 기다립니다. 제발 저를 찾아와 주세요." 얼굴을 땅에 대고 소경 바디매오가 외치던 말을 올려드리자.

"다윗의 자손 예수여, 나를 불쌍히 여기소서(마가복음 10:47)."

이것을 하나님과의 거리가 가까워졌다고 느낄 때까지 계속 반복하며 노력하라. 하나님은 우리가 연약할 때에 만나 주셔서 능력으로 행하신다. 바디매오의 필요를 채워 주시려고 돌아서셨던 바로 그 예수님이 우리에게 오셔야 한다.

"가라, 네 믿음이 너를 구원하였느니라(마가복음 10:52)."

주님의 눈은 온 세상을 두루 살피사 영적인 거장 뿐 아니라 가장 어려운 환경에서 주님께 나아오기를 작정한 모든 사람들을 강건하게 하시려고 찾고 계신다.[1] 주님의 마음을 사로잡는 것은 떠는 팔을 내밀어 도움을 구걸하는 품위없는 사람이다. 이런 사람은 구원을 받을 뿐 아니라, 다른 사람들을 강건하게 할 잠재력으로 넘쳐나는 사람이다.

사실상 모든 좋은 기도는 우리 자신의 영적인 고상한 생각이 아닌, 연약함에서 나온다. 만약 우리의 기도생활이 천국에 사다리를 타고 올라가는 것과 같다면, 그 첫 번째는 우리가 살고 있는 진흙탕에 닿아야 한다. 우리가 이러한 기도를 선택하면 하나님께서 우리를 들어 다음 단계로 올리실 것이다.

만약 당신이 일상적인 어려움에 빠져 있는 자신을 발견하더라도 그것이 특단의 기도를 실천하는 일에 부적격 요인은 아니다. 그것은 실제로

**모든 좋은 기도는
연약한 위치에서
시작된다**

특단의 기도를 시작하기 위한 이상적인 출발점이다. 예수님은 "하나님이여 불쌍히 여기소서 나는 죄인이로소이다(누 가복음 18:13)" 하는 사람의 부르짖음을 하나님보다 자신의 의를 더 믿는 경건한 자들의 교만함보다 더 귀하게 여기셨다.

나는 당신이 극한의 절망에서 하나님께 부르짖기 시작하면 점차적으로 자신감을 갖게 되어 하나님을 덜 의지하게 된다고 말하려는 것이 결코 아니다. 절망은 대체적으로 특단의 기도의 시작점이 되기 때문이다. 성경에 하나님의 긍휼이 아침마다 새롭다고 한 이유는 우리는 매일 새로운 하나님의 긍휼이 필요하기 때문이다.[2]

여러분이 매번 절망적인 상황에서 시작하지 않기를 바라지만, 우리는 절망에서 배운대로 하나님을 의지하며 기도해야 한다. 이렇게 하나님을 의뢰함은 특단의 기도의 실천 가능성을 열어준다. 왜냐하면 이런 형태의 기도에서 "특단의" 라는 뜻은 하나님을 신뢰하여 "무엇을 구하든지 간에" 그의 약속한 것을 이루어 우리의 가족들, 지역사회들, 그리고 사역들을 위해 예수님이 미리 가르쳐 주신대로 기도하여 그의 측량할 수 없는

영광을 나타내는 것이기 때문이다. 우리가 눈먼 거지, 죄 많은 세리, 탕자 아들과 같은 연약해진 심령으로 하나님께 부르짖을 때, 하나님은 우리를 상상하지 못한 곳으로 끌어 올리신다. 우리는 왕의 자녀의 위치에서, 우주를 창조하신 주의 자녀들로서 주저하지 않고 어떠한 제한도 없이 당당하게 요구함을 배우게 된다. 특단의 기도는 바로 그렇게 시작된다.

 **토론을 위한 질문**

1. 하나님께서 당신이 붙든 최후의 가지로부터 당신을 옮기시고 그 가지를 톱질해 잘라 버리셨다고 느꼈던 때를 생각해 보세요. 그 과정에서 당신은 어떻게 영적으로 자랄 수 있었는지요?

2. 당신이 영적으로 메마르고 하나님으로부터 분리되었다고 느꼈던 때를 묘사 해 보세요.

3. 당신이 영적으로 메마른 상태에 이르렀다는 것을 어떻게 생각하십니까?

4. 당신의 기도생활 가운데 영적으로 메마른 시기를 어떻게 극복해 오셨습니까?

5. 당신이 전보다 더 필사적으로 기도해야 할 상황에 쫓겨본 때를 이야기해 보세요. 당신의 기도가 어떻게 응답을 받았는지요?

제1과

백지 수표

특단의 기도는 "무엇이든지 구하라"는 약속에 접근하게 한다.

 우리가 서아프리카에서 선교 사역을 처음 시작했을 때, 나와 내 아내는 작은 마을에 있는 양철 지붕으로 된 먼지투성이의 판자집으로 이사했고, 기본적인 물품 몇 개와 두 대의 자전거만 가지고 왔다. 오기 전에 우리는 마을 사람들을 알기 위해서 우리보다 경험이 더 많은 동료들과 몇 번 마을을 방문 했었다. 우리는 그들의 말과 문화를 배우며 함께 살게 되었다.

 교회 지도자 중 한 분이 초가 지붕의 오두막집에 살게 하는 것보다 낫다며 자신의 네모난 작은 집을 우리를 위해 기꺼이 비워 주었다. 이 집은 우리가 평생 처음 보는 집이었다. 손을 높게 뻗지 않아도 양철 지붕을 만질 수 있었다. 쥐들이 바닥에 굴을 파고 있었고, 밤이면 튀어나와 천정에 매달려 있지 않는 것은 무엇이든지 먹어 치우곤 했다. 어느 날 밤에 한 구석에서 땅을 울리는 것같은 난투를 벌이는 소리를 들었다. 무슨 일인가 살펴보려고 일어났더니 엄청나게 큰 거미 한 마리가 풍채가 당당한 바퀴벌레와 씨름을 하고 있었다. 나와 레베카는 거미를 응원했다.

밖에는 망고 나뭇가지가 방충망도 없는 창문에 늘어져 있어서 초록 맘바 독사들이 우리 집으로 쉽게 들어올 수 있게 해 주었다. 천장이 없는 우리 집 서까래들은 널판지와 양철판 사이에 수많은 박쥐들이 둥지를 튼 보금자리였다. 마치 무슨 박쥐동굴 마냥, 우리 작은 집은 박쥐의 똥들이 바닥에 너무 많이 쌓여 있어서, 미국 남북전쟁에서 썼을 법한 화약용 새똥 구아노를 충분히 공급할 수 있었겠다 싶을 정도였다.

처음엔 토할 것 같던 그 집은 우리의 마음 속에 특별한 장소로 남아 있다. 우리가 그의 마을에 이사할 수 있도록 힘들여 지은 자신의 집을 임시로 비워 주었던 그 인심 좋은 교회 지도자는 "집은 사람만 사는 곳이 아니라"고 설명해서 우리가 집의 "개방성"에 대해 잘 적응하도록 도와 주었다. 그가 희생적으로 집을 대여해 준 덕분에 우리는 얄룬카어로 성경을 번역하는 동료들 가운데 살 수 있었다.

우리가 처음 서아프리카에 도착했을 때는 손으로 판 우물에서 양동이로 물을 퍼 올려야 했다. 또 바깥에서 석유 버너로 음식을 만들었다. 별빛 아래서 풀숲에 싸여 양동이 물로 샤워를 하면서 생각했던 것을 기억한다. "미국 질병 통제국에서 미국인들에게 밤 모기들을 피하라고 했던 경고가 설마 이걸 뜻하는 건 아니겠지."

샤워를 하면서 밤하늘의 놀라울 정도로 아름답고 밝게 빛나는 별들을 올려다 볼 수 있었고 처음에는 은하수를 보며 어마어마한 큰 구름이 하늘 넓이만큼 희미하게 뻗어 있다고 착각했다. 우리가 이 곳에 머문 지 3개월쯤 된 어느 날 밤, 먼 거리에 있는 별들이 이룬 광대한 안개같은 은하수를 바라보면서 하나님의 임재하심을 깨달았다. 하나님께서 아브라함에게 시청각 자료로 사용하셨던 바로 그 별들을 응시하면서, 내 가슴에서는 길고 경외감에 찬 "와-아" 가 거침없이 흘러나왔다. 나는 아프리카를 사랑한다.

현지인들처럼 생활하는 것은 우리가 이웃들을 알아가는 데 큰 도움을 주었다. 우리 집에서 바로 가까이에 토요일마다 행상들이 시장을 여는 공터가 있었다. 첫 날 이른 아침에 나는 트럭들이 밖에서 멈추느라 웅웅거리는 소리를 들었다. 잠시 문을 열고 보니 우리집 계단 앞쪽이 온통 장터로 변한 것을 보았다. 우리집이 공터에서 너무 가까웠기 때문에 행상들은 우리집 문간에 쌀자루를 쌓아 놓곤 했다. 수백명의 사람들이 외국인을 한 번이라도 보려고 주변을 서성거리고 있었다.

어느날 아침, 곤경에 처한 어느 어머니의 오싹한 울음소리가 우리의 잠을 깨웠다. 우리는 그 여자의 상황을 설명할 수 있는 사람을 찾아서 들어보니 세 살 난 아들이 죽어가고 있다는 것이었다. 나는 이 어머니를 보자 너무 슬퍼서 "우리가 아이를 좀 볼 수 있을까요?"라고 물었다.

마을 사람들의 표정을 보니 우리가 그들을 도와줄 수 있으리라고는 전혀 생각하지 않고 있는 것을 알았다. 나는 의사가 아니다. 열대지방의 의약에 관한 좋은 책을 가지고 있었고, 그것이 내 의료 훈련의 전부였다. 죽어가는 소년을 도와주겠다고 했을 때, 나조차도 무슨 생각을 하고 있는 지 알 수 없었다.

그들은 "아이가 숲 속에 있는 전통 치료사에게 치료를 받고 있는데 우리가 나가서 아이를 데리고 오겠습니다"라고 말했다.

소년을 마을로 다시 데려오는 데에는 시간이 걸렸고, 나는 이 시간동안 다음 행동을 어떻게 할 지 깊이 생각했다.

마침내 나와 레베카가 소년이 있는 곳에 안내되었을 때, 그는 마을에 사는 한 친척의 초가집 흙 바닥에 누워 있었다. 그의 호흡은 거칠었고, 그의 동공은 먹물을 푼 우물처럼 크게 풀린 채 내가 비추는 손전등에도 전혀 반응하지 않았다. 텔레비전 의학 드라마에서 수없이 들었던 '동공 고정 및 확대'라는 말이 내 머리속에 떠 올랐다. 그의 어머니의 생각이 옳았고, 그 아들이 오래 살지 못할 수도 있겠다는 생각에 절망감 마저 들었다.

나직한 소리로 레베카와 나는 지역 목사님과 어떤 의료 절차로 아이를 구할 수 있을지 이야기했다. 지역 목사님이 말했다. "뇌수막염은 아닐 겁니다. 왜냐하면, 우리에겐 그런 약이 없어요." 나는 골똘히 생각한 후 불확실한 진단을 내렸다. "뇌성 말라리아일 수도 있어요. 하지만 의식이 없는 아이에게 어떻게 말라리아 약을 먹일 수 있을 지 모르겠어요."

그러던 중 순간적으로 나는 "이 아이를 위해서 기도해야 합니다. 우리는 선교사가 아닙니까?" 라고 제안했다. 기도라는 단순한 제안에, 나는 그 아이의 눈이 깜빡이는 것을 보았고 눈의 초점이 방 안 여기 저기를 쳐다보기 시작했다.

나는 속으로 '하나님이 이 아이를 치료하고 계시니 빨리 기도하는 게 좋겠다!'고 생각했다. 우리의 기도가 끝났을 때, 아이는 정상적으로 숨을 쉬고 말라리아 약을 줄 수 있었다. 그날 밤 늦게, 불과 몇 시간 전에 죽을 줄 알고 포기했던 어린 소년을 보며 그 가족들은 축제 분위기로 웃었다. 그날 밤에 우리가 두 번째 약을 주려고 했지만, 그 소년은 난폭한 살쾡이처럼 저항했다. 이 저항에서 보인 그의 힘은 모든 주위에 있는 사람들에게 그가 완전히 나았음을 증명했다. 현재 그는 거의 성인이 되었고 지금도 마을 교회에 잘 출석하고 있다.

그 어두운 오두막집에는 내 영혼을 비추는 영원한 작은 불빛이 반짝이고 있다. 하나님은 참으로 살아 계신다. 내가 하나님을 최후의 수단으로 찾는 것이 아니라, 먼저 하나님을 의지하기를 원하신다. 그때부터 나는 내 전략에 대해 기도하는 것이 아니라, 기도를 전략으로 삼는 법을 배우기 시작했다.[1]

> **나는 나의 전략에 대해서 기도하는 것이 아니라 기도를 전략으로 삼는 것을 배웠다**

{깨달음 1.1}

12년이 지난 후 나는 그날 밤을 생각해 보았다. 우리 가족은 여전히 그 마을에 살고 있었지만, 이 무렵 우리는 태양열 발전 시설이 있는 구운 벽돌 집을 지었고, 전기 펌프로 물을 퍼 올리는 우물도 있었다. 아내가 건네주는 위성전화 수화기를 받았을 때, 우리 선교 단체의 이사장이 파이오니아 성경번역 선교회의 회장이 되어 달라는 요청을 했다.

이 새로운 도전을 받아들이는 행복감에서 벗어나자마자 '이제 나는 곤경에 빠졌구나. 정말로 현명한 전략이 필요하다'는 생각이 들었다. 우리의 사역은 성경 번역에 괄목할 만한 기록을 가지고 있었다. 그러나 그 사역의 성장은 지난 10년 동안 정체 중이었다.

선교기관의 새로운 회장으로 일하기 위해서는 사역을 성공시키기 위해 뭔가 기발한 계획을 가지고 있어야만 했다. 내가 할 일이 무엇인지 몰랐다는 것을 다른 사람들이 알게 될 수도 있다! 그리고 그 전략 또한 좋은 것이어야 했다. 왜냐하면 이 전략이 효과가 없으면 내 지도력이 실패했다는 것이 모든 사람들 앞에 분명해질 것이기 때문이었다.

어쨌든 나는 성경 번역가였다. 그래서 나는 필사적으로 성경으로 눈을 돌렸고 복음서에 있는 '무엇이든지' 라는 구절을 발견했다. 예수님께서는 만약 네가 어떤 특정한 방법으로 기도하면 "무엇을 구하든지" 다 네게 주리라고 말씀하셨다. 어떤 담대한 기도라도 상관없이 우리의 기도에 응답하신다는 예수님의 그 포괄적인 약속에 나는 기절할 만큼 충격을 받았다. 그런 다음 우리가 그 마을에서 사역하는 동안 하나님께서 얼마나 많은 기도에 응답하셨는지를 상기해 보았다.

나는 생각했다. "흠, 세련되지 않은 일 같이 들리긴 하지만, 만약 이 기도가 정말로 효과가 있다면 어떻게 되는 걸까? 나는 성경을 믿을 의무가 있는 사람이다. 만약 내가 성경이 말하는 그 말 대로 해보면 어떨까? 그게 과연 어리석은 일일까?"

나는 하나님께서 응답하시겠다고 약속하신 기도에 어떤 종류가 있는지 성경에서 찾아보고,[2] 그 기도를 드리는 데에 우리의 모든 사역을 집중하기로 결심했다. 그것은 내가 생각해 낼 수 있는 가장 현명한 접근 방법이었다. 기도가 우리의 전략이 되었다. 나는 생각했다. "만일 우리가 예수님이 약속하신 안전이 보장되지 않고 백지수표와 같은 능력을 실제로 활용할 수 있다면 어떨까? 만약 당신도 할 수 있다면 어떨까?"라고 생각했다.

기도는 대부분의 사람들에게는 도전이다. 어떤 사람들은 무엇을 기도해야 할 지 전혀 배운 적이 없다. 어떤 사람들은 기도의 능력에 대해서 확신이 없다. 나는 나 자신을 행동하는 사람이라고 여겨왔고, 기도는 행동이 아닌 것 같이 보였다. 우리 중 많은 사람들이 어떤 일을 이루기 위해 기도하기 보다는 행동을 한다. 지도자들은 특히 행동 지향적인 사람이며, 일반적으로 기도의 전사로 알려져 있지는 않다. 우리는 긴 기도 시간이 쓸데없는 생각에만 빠지는 일이라고 여기는 유혹을 받을 수도 있다.

우리는 잠시 기도할 수는 있지만 곧 안달이 나고 초조해진다. 밖에 나가서 일을 성사시켜야만 할 것 같은 마음이 든다.

{깨달음 1.2}

내가 최근 집회장에 있을 때 어떤 사람이 확성기로 "우리는 방금 여기에 기적을 만들어 냈습니다"라고 알리는 말을 들었다. 어떤 기적이든지 우리가 만들어 낼 수 있다면 하나님으로부터 나온 것은 아니다.

그렇지만 마침내 나는 예수님이 말씀하신 무엇이든지 구하는 대로 응답하리라는 약속에 접근하는 방법들을 배웠다. 이 방법들이 주는 힘으로 인해 나는 더 오래, 더 자주 기도하고 싶어 졌다. 기도가 일이라고 여기게 되었다. 그래서 나는 기도의 전략을 가지고 선교기관을 이끌기 위해서 미국에 돌아왔다. 성경이 없는 여러 종족들이 십 년 동안 우리 선교 기관에 성경을 번역해 달라고 요청해 온 것은 알고 있었지만, 우리에게는 인원이 충분하지 않았다. 그 생각을 하면 내 마음은 불편함으로 가득 찼다. 말씀을 갈급해 하는 수많은 사람들이 십 여년을 성경없이 지내도록 하

우리는 잠시 기도한 후에 초조해진다. 우리는 나가서 일이 이루어지도록 만들어야 한다고 느낀다

는 것은 성경번역 기관으로서는 결코 좋은 일이 아니었다.

나는 이미 파악한 우리가 섬기고 있는 여러나라의 필요를 충족하면서

네 개의 새로운 분야에서 일을 시작하려면, 대략 현재의 두 배로 규모를 늘려야 한다고 결정했다. 두 배로 규모를 확장하려는 목표에 지금 우리의 작고 답답한 조립식 건물이 적합하지 않다는 것을 알고 있었다. 그래서 나는 모두를 긴장하게 할 만큼 아주 큰 새로운 목표를 발표했다.

우리는 향후 6년 동안에 규모를 현재의 두 배로 확장할 것이다.

우리는 영구적인 본부 시설을 건설할 것이다.

우리는 현재 사역 현장의 모든 성경번역 요구 사항을 충족하기 위해 사업을 시작할 것이다. 우리는 적어도 네 개 이상의 국가에서 추가로 번역 사업을 시작할 것이다.

우리는 그것을 어떻게 이룰 것인가?

우리는 예수님이 무한한 능력으로 응답하심을 약속하신 기도를 드릴 것이다.

이 전략은 하나님은 실재하신다는 한가지 세부사항을 제외하고는 아주 불완전해 보인다. 그는 어떤 산불, 태풍이나 지진, 해일보다 더 실제적이고 더 강력하시다. 당신이 그가 응답하심을 약속하신 기도 방법을 배우기만 하면 하나님은 하나님 나라를 위한 당신의 사역 위에 비교할 수 없는 능력을 쏟아 부어 주실 것이다. 우리 사역팀은 하나님의 능력과 하나님을 신뢰하는 일에 모든 것을 걸기로 결심했다. 우리는 믿음의 사람들이 되기로 결심했다. 하나님이 그 접근방법에 넘치도록 축복하셨다. 하나님의 타이밍이 우리와 항상 정확히 일치하지는 않았지만, 하나님께서는 우리사역의 규모를 두 배로 늘리셨다. 하나님께서는 우리에게 22에

이커의 토지와 건물을 주셨다. 사역 현장에서 성경번역의 필요를 채우기 위해 역사하시는 하나님을 볼 수 있었다. 우리는 4개국이 아니라 7개국에서 일을 시작했다.

이제 다른 어떤 전략도 이보다 훌륭하지 않다는 것을 안다. 우리가 더 기도에 헌신하는 만큼 하나님의 역사하심이 점점 더 큰 능력으로 임하는 것을 보면서 우리는 믿음의 백성이 되어가고 있다.

그러면 내가 특단의 기도라고 말하는 것은 무슨 의미일까? 그것은 기도에 대한 예수님의 무제한적인 모든 약속을 이용하는 기도, 하나님 나라에 최대한 영향을 미치는 방식으로 의도적으로 기도하는 것을 의미한다.

{깨달음 1.3}

특단의 기도의 개념은 우리가 특정한 방식으로 기도하면 우리가 구하는 것은 무엇이든 응답하시겠다는 예수님의 성경적 약속을 연구하고 적용하는 것에 기초한다. 또한, 예수님이 신약 성경 전체를 통해 말씀하셔서 우리가 시도해 보도록 유도하신 "무엇을 구하든지" 라는 구절에 기초한다. 우리가 그것들을 실험해 보기 시작하면, 하나님은 기도에 강력하게 응답하시고 하나님을 믿는 우리의 믿음을 강건하게 세우실 것이다. 하나님은 무엇에 열정을 가지고 계시는지를 알게 하시고, 그의 사역을 완수하기 위해 그와 함께 일하게 하심으로, 하나님을 알아가는 방법을 가르쳐 주실 것이다.

물론 특단의 기도만이 기도의 유일한 방법은 아니다. 또한 당

특단의 기도는 예수님의 기도에 대한 무제한한 약속들이 왕국에 최대한의 영향을 주는 길로 이루어지게 한다

신의 개인적인 필요에 대한 기도를 대신하는 것도 아니다. 나는 사람들이 평소에 드리는 일반적인 기도에 추가하기를 제안하는 것이다. 기도하는 방법을 기억하는 데 도움이 되는 기억 보조법으로 ACTS라는 약자를 배웠을 수 있다. 이 약자는 아주 유용한데, 당신이 기도할 때 먼저 경배(Adoration, A)로 시작하고 고백(Confession, C)을 포함해야 한다. 감사(Thanksgiving, T)도 잊어서는 안된다. 이런 필수적인 요소들을 다룬 후에 간구(Supplication, S)로 나아가서, "오늘날 우리에게 일용할 양식을 주옵시고"와 같이 기본적 필요에 대해 예수님이 모범으로 삼으신 요청 기도를 드릴 수 있다. 전 세계의 지도자들을 위해서 중보 기도하는 것은 중요하다. 당신 지역에 사는 병자들을 위해서 기도하는 것 또한 중요하다. 나는 이런 모든 것을 대신하려는 것이 아니다. 오히려, 예수님이 당신과 나에게 기도하라고 명하신 특단의 기도(Extreme Prayer, E)를 담대하게 기도에 포함시켜, 끝에 E를 추가하자고 제안하는 것이다.

ACTSE는 아무 단어의 철자도 아니기 때문에, 적극적인(ACTIVE) 기도 생활을 추구하자는 것이 더 좋은 기억법이라고 생각한다.

Adoration(경배) - 실재하시는 하나님을 찬양함

Confession(고백) - 우리의 죄를 인정하고 고백함

Thanks Giving(감사) - 하나님이 우리를 위해 행하신 일들에 감사를 올려 드림.

Intersession(중보)/Supplication(간구) - 우리 자신과 다른 사람을 위해 기도함

Vanquishing Satan(사탄을 물리침) - 정기적인 영적 전쟁을 실행함.

Extreme Prayer(특단의 기도) – 모든 기도를 최대한으로 예수님의 약속하신 기도에 맞춤

그런데 특히 V, Vanquishing Satan(사탄을 물리침)의 정기적인 영적 전쟁을 실행하여 사탄과 그 졸개, 귀신들을 물리치는 일에 유의하시기 바란다. 나는 아프리카에서 이런 종류의 기도를 배웠고 또한 성경에서도 왜 이 기도가 그렇게 중대한지 설명하곤 한다. 요한계시록 12장에 귀신들은 하나님을 반역한 후 천국에서 쫓겨난 천사들이었다고 가르치고 있다.

그들은 쓰디쓴 증오로 가득 차 있지만 하나님을 해칠 수는 없기 때문에, 차선책을 행하는 것이다. 그들은 하나님이 사랑하시는 사람들을 공격해서 하나님을 간접적으로 상하게 하려 한다. 하나님의 자녀들을 다치게 하고 그들을 설득해서 하나님을 외면하도록 한다.

그럼에도 불구하고 당신이 만일 대부분의 사람들과 같다면, 자신이 보이지 않는 영적인 세력에 둘러싸여 있다는 것을 상상하기가 어려울 것이다. 당신은 아마 귀신은 실제로 존재한다고 믿을 수는 있지만, 그들이 당신에게 어떤 구체적인 영향을 줄 수는 없다고 생각할 것이다. 그것은 내가 아프리카의 얄룬카 주민들에게 세균에 대해 설명을 할 때마다 보는 반응과 비슷하다.

"이 병은 세균에 의한 것입니다."

"그것이 어디에 있습니까?"

"그것은 너무 작아서 볼 수 없습니다."

"글쎄, 그렇다면 그것이 어떻게 나를 해칠 수 있습니까?"

"수백만 개가 있습니다. 그들은 모든 표면에 있고, 질병을 일으킬 수

있습니다."

"정말입니까?"

나조차도 내 말이 미친 소리처럼 들린다는 걸 알 수 있었다. 얄룬카 사람들은 가난한 서양인을 오해하고 고개를 절레절레 저을 것이었다.

그러나 귀신은 서아프리카 사람들에게 매우 현실적이다. 레베카와 내가 일했던 지역에서 사람들은 수백 년 동안 닭과 양을 귀신에게 바쳐왔다. 나는 얄룬카 교회가 귀신들린 한 사람을 위해 기도했던 때를 기억한다. 그는 귀신으로 가득 차서 그를 제압하는 데 네 사람이 필요했다. 귀신은 떠났고 그는 다시 제정신이 되었다. 귀신은 마치 세균이 실제적이고 강력하며 보이지 않는 것과 마찬가지로 실재하지만 보이지 않는 힘이다.

바울은 우리에게 보이지 않는 적과 싸우라고 성경을 통해 말한다.

> "마귀의 간계를 능히 대적하기 위하여 하나님의 전신 갑주를 입으라. 우리의 씨름은 혈과 육을 상대하는 것이 아니요, 통치자들과 권세들과 이 어둠의 세상 주관자들과 하늘에 있는 악의 영들을 상대함이라. 그러므로 하나님의 전신 갑주를 입으라. 이는 악한 날에 너희가 능히 대적하고 모든 일을 행한 후에 서기 위함이라(에베소서 6:11-13)."

"대적하다 stand your ground"로 번역된 단어는 이러한 권세 앞에 맞선다는 의미이다. 바울은 우리에게 귀신을 맞서 "대적하라 resist"고 말하고 있다.

성경은 같은 단어를 두 번 더 사용한다.

"마귀를 대적하라 그리하면 너희를 피하리라(야고보서 4:7)".
"너희 대적 마귀가 우는 사자 같이 두루 다니며 삼킬 자를 찾나니 너희는 믿음을 굳건하게 하여 그를 대적하라(베드로전서 5: 8-9)".

"V"는 우리에게 사탄과 그의 귀신들을 "대적하라"는 성경의 모범과 명령들을 따를 것을 상기시켜준다. 주기도문의 예를 따라서 기도하자. "주여, 우리를 악에서, 악한 생각들, 악한 사람들, 악한 사고와 사건들, 악한 영들로부터 구해 주시옵소서. 주여, 당신의 천사들을 보내사 우리의 주위에 두르시고 우리와 집을 악에서 지켜 주시옵소서. 하나님, 우리는 우리의 삶에서 모든 악을 버립니다." 하나님의 보호하심을 위해 기도하고 악한 것을 말로 꾸짖는 것은 유혹이 중독으로, 갈등이 격렬한 다툼으로, 질병이 죽음으로까지 이어지는 것을 예방하도록 도와준다.[3]

ACTIVE의 V도 중요하지만 이 책은 E 또는 특단의 기도(Extreme Prayer), 즉 기도에 대한 예수님의 약속을 극대화하는 훈련에 초점을 둔다. 다음에 계속되는 장들은 예수님의 백지 수표 약속이 뒷받침하고 있는 다양한 종류의 기도를 보여준다. 그러나 한 가지 주의해야 할 것이 있다! 기도로 오직 자신의 소망을 이루기 위해서 이 책을 읽지는 말라. 하나님은 그보다 훨씬 더 큰 것을 원하고 계신다. 하나님은 당신을 가까이 부르셔서 당신과 주변에 함께한 사람들의 삶에 대한 그의 꿈을 보여주시기를 소원하고 계신다. 당신은 하나님이 그렇게 하시도록 할 만한 용기가 있는가?

 토론을 위한 질문

1. 당신의 기도 중 어떤 기도에 하나님이 기적의 능력으로 응답하신 것 같습니까?

2. 기도할 때에 당신이 원하는 것을 구하기 전에 얼마나 찬양과 고백과 감사를 실천하고 있습니까?

3. 기도의 다양한 요소들을 모두 실천하는 일이 왜 중요할까요?

4. 당신이 기도할 때, 영적 전쟁에 시간을 보내십니까? 만약 그렇다면, 설명해 주세요.

5. 예수님께서 당신이 구하는 것은 무엇이든지 응답하신다는 말씀은 당신에게 무슨 의미가 있습니까?

2과_ 그 이름의 능력

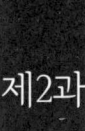

제2과

그 이름의 능력
하나님은 예수 이름으로 드리는 기도에
응답하신다

　허름한 초가 지붕 오두막집, 양철 지붕의 판자집, 그리고 가까운 마을에 있는 과거 식민지 시절의 자랑이었던 황폐한 2층 건물 등을 붉은 먼지가 모두 뒤덮었다. 지역 주민들은 서아프리카의 대 니제르 강이 이 근처에서 발원해서 먼저 마을을 지나 여러 나라를 거쳐 바다로 간다고 자랑스럽게 말했다. 나는 빵, 항생제, 휘발유 같은 아프리카 생활에 필수적인 기본 생활 용품을 사려고 3만명 정도가 거주하는 도심지로 매주 또는 2주에 한 번씩 20분 거리를 운전하곤 했다.

　몇 년 동안 이 지역에서 일한 후, 어느 날 나는 니제르 강을 건너 마을로 차를 운전하고 있었다. 그때 입구에 굵고 페인트가 벗겨져 가는 낡은 글자로 이름이 적힌 카페가 문득 눈에 들어 왔다. 그 후 페인트로 대강 작업해서 쓴 것 같은 단어로 뒷면을 장식한 트럭 한 대가 덜커덕 대며 지나가는 것을 보았다.

　지금 생각해 보면, '저 단어는 무슨 뜻일까?'라고 내가 묻는 순간에, 천사들이 숨을 참으며 기다렸을지 궁금하다. 지역 그리스도인 친구 중 한 명이 대답하길, "여기 우리 종족이 사는 니제르 강의 건너편 마을에 사는 종족의 이름이라네."

물론 하나님은 이미 이 종족에 대해 모두 알고 계셨다. 4천 년 전에 하나님께서 아브라함의 삶에 간섭하시며 "땅의 모든 족속이 너로 말미암아 복을 얻을 것이다(창세기12:3절)"라고 하셨을 때에도 하나님은 이 종족을 유념하고 계셨음에 틀림없다.[1]

그 후 몇 달 동안 나는 강 건너편에 정착한 이 종족들에 대해 그들 가운데 그리스도인이 아무도 없다는 것을 포함해서, 좀 더 많은 사실을 알게 되었다. 어느 날 이 마을로 돌아왔을 때 나는 빵을 사려고 길가에 멈춰 서있었다. 내가 인도에 서 있는 동안 이 지역 시장이 말을 걸어 왔다. 한 손을 내 어깨에 올려놓고, 주변에 아무도 듣는 사람이 없는지 확인하며 주변을 둘러 보았다. 어쨌든 그는 코란을 믿는 지도자였고 나는 성경을 믿는 사람이었다. 그리고 그는 낮고 듣기 좋은 목소리로 그가 어린 시절부터 기억하고 있는 찬송가를 그의 언어로 부르기 시작했다. "내가 소년이었을 때, 선교사 부인이 피아노를 치며 우리에게 이 찬송가들을 가르쳐 주셨습니다. 당신이 혹시 선교사를 이 곳으로 데려오고 싶다면 제게 말씀해 주십시오." 그가 프랑스어로 조용히 속삭이듯 털어놓았을 때 그의 눈에 눈물이 가늘게 맺혀 있는 것을 알 수 있었다.

'피아노라고?' 나는 생각했다. 도대체 어떻게 50년 전 이 덥고 먼지나는 지구의 끝자락에 선교사 부인이 피아노를 통째로 가져올 수 있었을까? 1940년대에 니제르 강 상류로 피아노를 포장하고 옮기는 상상을 하니, 온갖 이미지가 걷잡을 수 없이 내 마음을 번쩍이며 지나갔다. 그러다가 나는 예수님이 이 사람의 삶에 역사하고 계시다는 것을 깨달았다. 우리가 그들을 "발견"하기 훨씬 전에 예수님은 그들 가운데서 신실하게 힘써 일하고 계셨다. 나중에 그 이전 세대의 선교사들이 그곳에서 교회를 개척했었다는 것을 알게 되었다. 그러다가 정치적인 영향력이 그 선교사들을 나라 밖으로 몰아냈고, 신출내기 목사는 믿음을 저버리고 말았다. 마을에 교회가 하나 있긴 했지만 각각 다른 종족 집단에서 온 소수의 사람들이 모인 교회였고, 이들은 민족의 전통적인 종교를 믿는자들과 영합했기 때문에 믿음을 받아들이기는 힘들었다.

레베카와 나는 실제적으로 그 지역 사회에 다가가기 위한 일을 아무 것도 할 수 없었다. 적어도 그 당시 우리의 신앙 수준은 그 정도였기 때문에 단순히 기도하자는 것으로 결론을 지었다. 나는 하나님이 이런 기도에 응답하시는 능력을 발휘하실 줄은 전혀 몰랐다. 미국에서 방문객 단체들이 올 때마다 우리는 이곳 니제르 강으로 차를 운전하고 와서 이 종족들을 위하여 함께 기도하곤 했다. 우리는 그 지역과 북적이는 사람들을 보면서 그들이 예수님을 따라 오게 해 달라고 조용히 하나님께 호소했다. 나는 그들 중에 그리스도인이 아무도 없다는 것을 알고 있었다. 지역 언어로 된 성경은 아직 없었다. 아직 어떤 선교사도 이곳에 올 계획이 없음도 알고 있었다. 우리는 다만 하나님이 이곳에 하나님 자신을 나타내시기를 기도했다.

우리가 기도한지 1년 정도 지났을 때에 인근의 한 교회가 파송한 서아프리카 선교사 한 분이 그들의 언어와 연관된 예수 영화를 보여주려고 마을에 찾아 왔다. 2년 만에 이 마을의 작은 교회는 10개의 대가족 가정으로 시작해 180여명 교인으로 성장했다. 또한 활기찬 일이 일어나기 시작했다. 예수 영화를 가지고 왔던 바로 그 선교사가 20명쯤 되는 마을 지도자들을 데리고 성경공부를 시작했다. 우리는 용기를 얻어 계속해서 기도했다.

얼마 후 나는 한 한국 선교사가 커다란 기숙사 학교를 세우려고 다른 세 나라를 조사하다가 그 곳들 중 이 마을 외곽에 세우기로 결정했다는 소식을 들었다. 이 선교 단체는 이 종족들을 전도하기 위하여 선교사들을 보내기 시작했다. 이제 나는 하나님이 우리의 기도에 응답하셨음을 확신했다.

한국 선교사들이 왔을 때 그들은 이곳이 영적으로 크게 열려 있음을 깨달았다. 한 마을은 반 평방 마일이나 되는 땅을 학교를 위해서 기증했다. 한 대표단이 코란 종교를 변호하기 위해서 마을 지도자들과 맞서 대변하려고 읍내에서 왔다. 그들은 그리스도인들을 받아들이는 마을에서 소란을 피웠다. "당신들은 이 사람들이 그리스도 추종자들을 만들러 온 줄을 알지 못합니까?"

그러자, 이에 저항하는 한 마을회 의원이 "나는 그리스도인이오!"라고 선언했다.

하나님께서 우리의 기도에 응답하시는 일을 알아보려고 마을에 차를 몰고 갔을 때 마을 남자들이 다 모여 있었다. 그 지역 코란 선생은 모든 사람에게 "할렐루야!"를 외치며 열렬하게 그들의 성가를 인도하고 있었다. 서아프리카 선교사가 그들에게 보여주었던 예수 영화에서 들었던 한 단어였다. 어떤 코란 선생도 "할렐루야"라고 외치는 사람을 그 이전이나 이후에도 본적이 없다.

얼마 지나지 않아 파이오니아 성경번역 선교회는 성경을 현지 언어로 번역하도록 한 가족을 이 미전도 종족에게 파송했다. 이제 그 지역 여러 마을에서 온 호기심 많은 사람들이 그리스도와 그들의 언어로 번역 중인 성경에 대해 더 알고 싶어서 모임을 갖기 시작했다. 우리가 계속 기도하는 동안 하나님은 여러 마을에 그의 교회를 세우고 계셨다.

2천년 동안 이 종족은 사실상 복음의 영향을 받지 않은 채 남아있었고, 모든 교회에 거의 알려지지 않았다. 그러다가 모든 것이 바뀌었다. 우리가 어떤 기발한 전략을 세워서가 아니라, 기도 자체를 전략으로 삼았기 때문이다. 2천년 동안의 영적 고립 끝에, 3개 대륙으로부터 선교사들이 갑자기 파송됐다. 어떻게 그런 일이 일어날 수 있었을까? 오직 하나님만이 하실 수 있었다. 예수님은 우리가 예수님의 이름으로 기도할 때마다 하나님께서 이와 같이 권능으로 역사하시겠다고 약속하셨다. 우리는 구세주의 심장에 살아뛰는 핵심적인 것을 간구했다. "주의 약속은 어떤 이들이 더디다고 생각하는 것 같이 더딘 것이 아니라... 오래 참으사 아무도 멸망하지 아니하고 다 회개하기에 이르기를 원하시느니라(베드로후서 3:9)".

예수님의 이름으로 기도한다는 것이 무슨 의미일까? 성경에서는 '개인의 이름'은 그 사람의 '본성'을 나타낸다. 예수님의 이름으로 기도한다는 것은 페라리(이탈리아제 스포츠 자동차)를 달라고 구하고 "예수의 이름으로"라는 말을 마법처럼 붙인다는 뜻이 아니다. 그것은 예수님의 성품에 맞는 간구를 드리는 것을 뜻한다. 이 땅에 대한 그분의 계획 –즉 하나님의 나라를 선포하는 것– 을 진전시키고자 "그의 이름을 위하여" 기도하는 것을 의미한다.

{ 깨달음 2.1 }

"예수"의 이름은 히브리어 어원 "구원하다"에서 유래했다. 예수님의 이름으로 기도한다는 것은 문자 그대로 모든 사람과 땅끝까지 구원을 전하라는 예수님의 명령에 순종하는 것에 대해 기도드림을 뜻한다. 예수님의 이름으로 드리는 기도는 하나님으로부터 멀어진 자들이 예수님을 알고, 사랑하고, 따르고, 순종하는 것을 보고자 원하는 열망에 중심을 둔다. 요한복음은 예수께서 자신의 이름으로 기도하는 것에 대해 다섯 가지 유사한 약속을 선포하셨다고 기록한다.

예수님의 이름으로 기도하는 것은 예수님의 특성에 동조하고 지구를 위한 그의 계획들을 증진시키는 요구사항들을 제시하는 것을 의미한다

"너희가 내 이름으로 무엇을 구하든지 내가 행하리니 이는 아버지로 하여금 아들로 말미암아 영광을 받으시게 하려 함이라(요한복음 14:13)".

"내 이름으로 무엇이든지 내게 구하면 내가 행하리라(요한복음 14:14)".

"너희가 내 안에 거하고 내 말이 너희 안에 거하면 무엇이든지 원하는 대로 구하라 그리하면 이루리라(요한복음 15:7)".

"너희가 나를 택한 것이 아니요 내가 너희를 택하여 세웠나니 이는 너희로 가서 열매를 맺게 하고 또 너희 열매가 항상 있게 하여 내 이름으로 아버지께 무엇을 구하든지 다 받게 하려 함이라(요한복음 15:16)".

"내가 진실로 진실로 너희에게 이르노니 너희가 무엇이든지 아버지께 구하는 것을 내 이름으로 주시리라 지금까지는 너희가 내 이름으로 아무 것도 구하지 아니하였으나 구하라 그리하면 받으리니 너희 기쁨이 충만하리라(요한복음 16: 23-24)".

예수님이 돌아가시기 바로 전에 다섯번이나 반복해서 하신 약속은 어떤 것이든 절대적으로 중요한 것이다. 그 뿐 아니라 요한복음은 아주 놀라운 함축적 표현이 그 특징이다. 예를 들면 그리스도의 신성에 관한 가장 강력한 선언 중 하나는 단지 "나는 존재한다" 라는 간단한 두 단어로 이루어진다. 그러나 이 부분에서 예수님의 이름으로 하는 기도는 이토록 무거운 의미를 지니고, 막강한 능력을 발휘하며, 본능에 반대되는 일이라 요한은 예수님께서 그것을 반복하신 예를 다섯 번이나 기록해서 우리가 놓치지 않도록 한다.

그리고 우리가 이런 단어들을 깊이 생각하게 될 때, 이런 질문을 해 보아야 한다. 무엇이든지? 정말 그럴까? 무엇이든지 구하는 대로? 예수님이 진짜로 "무엇이든지 우리가 원하는 대로"라고 말씀하셨을까? 하늘만큼 높을 수 있을까? 바다보다 더 넓을 수 있을까? 예수님이 달을 우리에게 주실까? 이런 것들은 대단히 작은 것들이다. 예수님은 우리의 기도의 지평선을 영원한 세계까지 열어 주기를 원하고 계신다. 오직 하나님의 말씀과 사람들의 영혼만이 영원하므로, 이 세상에서 가장 귀한 것은 이 두 가지이다. 하나님께서 당신의 삶을 사용하여 하나님의 말씀을 사람들의 영혼에 연결하시도록 기도하라. 이것이 바로 예수님의 이름으로 기도하는 것이다.

> **오직 하나님의 말씀과 하나님의 사람들만이 영원히 존속됨으로 우리가 마땅히 하나님이 우리의 삶들을 사용하셔서 하나님의 말씀을 사람들의 영혼에 연결시켜 주시도록 기도해야 한다**

{ 깨달음 2.2 }

  신약성경의 끝부분에 나오는 사도 요한의 서신서에서 요한은 "예수 이름으로"라는 개념에 대해 자세히 설명한다. 그는 "예수의 이름으로"라는 단어를 "그의 뜻대로"라는 단어로 바꾸었지만, 이 문맥에서 같은 의미로 보이는 "무엇이든지 구하는 것"의 무한한 능력에 대한 약속을 두 번이나 반복하고 있다.

> "그를 향하여 우리가 가진 바 담대함이 이것이니 그의 뜻대로 무엇을 구하면 들으심이라 우리가 무엇이든지 구하는 바를 들으시는 줄을 안즉 우리가 그에게 구한 그것을 얻은 줄을 또한 아느니라(요한일서 5:14-15)".

  사도 요한이 우리에게 말하는 예수 이름으로 기도한다는 것은 우리 주위의 세상을 향한 하나님의 뜻대로 기도하는 것을 의미한다. 왜 하나님은 우리가 하나님의 뜻대로 기도하기를 원하실까? 우리가 하나님의 뜻에 대해 아뢰는 것에 어떤 유익이 있을까? 그것은 하나님의 유익이 아니라 우리의 유익 때문이다. 하나님은 우리가 하나님께로 와서 그를 알게 되는 방법으로 기도를 사용하신다. 기도하고 하나님이 어떻게 응답하시는지 지켜봄으로써, 우리는 하나님의 가슴에 있는 열정과 응답하시는 크신 능력을 발견하게 된다. 하나님의 나라가 온 세상을 채울 것이라는 기도는 천국의 강한 열망을 불러 일으킨다.

  예수님은 제자들이 "주인이 하는 것"(요한복음15:15)을 배우고 열매를 맺으면(요한복음 15:4,7) 아버지께서 예수 이름으로, 즉 예수님 때문에 구하는 것은 무엇이든지 주실 것이라고 말씀하셨다. 믿음으로 끈질기게 기도했지만 결과가 보이지 않는다면, 그것은 우리가 하나님의 목표에서 벗어났다는 것을 나타낼 수 있다. 그러나 우리가 기도하고 그분이 능력을 주시는 것을 볼 때, 우리는 하늘 나라의 열정에 대해 더 많이 알아가게 된다.

대부분의 기도 모임들은 이런 중요한 점을 놓칠 수 있다는 것을 보여 준다. 세상에서 예수님의 선교의 완성을 위해서 의도적으로 기도하는 대신 우리는 삶에서 일어나기를 바라는 것들, 즉 병의 치유, 차, 직업 등을 위해 기도하는 데 대부분의 시간을 보낸다. 이런 필요를 예수님께 아뢰는 것이 잘못되었다는 것은 아니다. 그러나 우리가 다만 그런 종류의 기도만 드리게 되면 "무엇이든지 구하는" 기도의 완전한 분량에는 미치지 못할 수도 있다. 우리의 간구를 이런 식으로 제한하는 것도 기도에 열광하는 사람들이 거의 없는 이유 중에 하나가 될 것이다. 그들은 우리의 기도가 예수님의 본성과 뜻에 전략적인 것이라면 무엇이든 이루신다는 예수님의 5중 약속의 믿을 수 없는 능력에 더 접근할 기회를 놓치게 된다. 오직 이런 기도를 할 때만 우리는 더 큰 권능으로 역사하시는 하나님을 볼 수 있을 것이다.

만약 병자들을 위한 기도가 당신이 속한 기도 모임의 특징이라면 예수님이 제자들에게 하신 말씀을 적용할 수 있다. "지금까지는 너희가 내 이름으로 아무 것도 구하지 아니하였으나 구하라 그리하면 받으리니(요한복음 16:24)". 예수님은 당신이 원하는 방식으로 모든 기도에 응답하겠다고 약속하지 않았다. 그분은 세상에 대한 그분의 계획과 일치하는 기도를 포함하여 특정한 종류의 기도에만 응답하겠다고 약속하셨다.

나쁜 소식은 당신이 외제차나 꿈꾸던 집을 결국 얻지 못할 수도 있다는 것이다. 당신 숙모의 관절염이 낫지 않을 수도 있다. 당신의 남은 생애가 평안하지 못할 수도 있다. 이 타락한 세상에서 당신의 오랜 기도와 청원에도 불구하고 사랑하는 사람들은 결국 죽음을 맞을 것이다. 그것은 하나님이 관심이 없으셔서 그런 것이 아니다. 하나님은 나사로의 무덤에서[1] 하셨던 것처럼 우리와 함께 슬퍼하시고 이 세상의 현재와 우리의 삶에 비통해 하신다. 그러나 이 불완전한 세상에서 우리의 모든 눈물을 닦아 주실 시간은 아직 오지 않았다.[2]

좋은 소식은 그리스도인들이 예수께서 열정을 가지고 계시는 그분의 계획, 즉 이 세상 사람들을 구속하려는 그분의 계획에 집중할 때 하늘의 온전한 능력을 나타내심을 약속하셨다는 것이다. 이것이 특단의 기도의 핵심 진리이다. 하나님의 선교를 위해 기도하면 무한한 능력이 생긴다.

{깨달음 2.3}

내가 서아프리카에서 살기 훨씬 전부터 특단의 기도를 처음 접하게 되었다. 대학생 시절에 봄 방학 동안 함께 일해오던 선교단체와 함께 텍사스 남부 해안에 있는 남 페드레 섬에 가기로 서명을 했다. 우리의 목적은 파티를 하는 학생들에게 예수님을 증거하는 일이었다(하나님을 섬기며 해변에서 한 주간을 보낸다는 것이 매력적이었지만, 돌이켜보면 걸프 해안에서의 봄 방학이 학생들에게 예수님을 만나기 위한 이상적인 환경이었는지는 확신이 서지 않는다!).

그 곳에 도착하여 맥주와 젖은 셔츠 경연대회로 떠들썩하게 즐기는 또

래들의 광경을 보게 되자 나와 친구 학생들은 몸이 얼어붙는듯한 불안감에 휩싸였다. 얼간이로 보이지 않고는 어떻게 이 학생들에게 복음을 가지고 다가갈 수 있을까?

여행 첫날 아침 모였을 때에 지도자가 금식과 기도로 첫날을 보내야 한다고 말했다. 기도가 끝날 때까지는 아무에게도 예수님의 복음을 가지고 다가가지 말라고 했다. 그들은 우리를 예수님을 만나기 위한 환경 속으로 해산시켰다.

걸어서 사람들로부터 멀어지게 되자 나는 봄보다는 여름에 적합한 옷을 입고 있다는 것을 깨닫게 되었다. 바람부는 아침 추위 때문에 떨려서 밖에서는 기도를 할 수가 없었다. 뿐만 아니라 나는 기도가 실제로 효과가 있을거라고 믿지 않았다. 나는 내 노력이 최우선이고 기도는 단지 그 노력을 뒷받침할 뿐이라고 믿고 있었다. 나는 '진짜' 일을 시작하고 싶었기 때문에 사람들이 모이는 곳에서 기도할 곳을 찾아야겠다고 생각했다. 그러면 내가 하나님이 예정하신 어떤 사람과 부딪치게 될 수도 있겠다고 생각했다.

하나님의 선교를 위해서 기도하는 것은 측량할 수 없는 능력을 가져온다

나는 켄터키 프라이드 치킨 집에 불쑥 들어가서 그곳에서 매서운 바다바람을 피할 수 있는 것에 감사하며 칸막이 의자에 앉아 기도하려고 했다. 성경을 읽으려고 꺼내 들었지만 금세 프라이드 치킨, 빵과 감자튀김의 유혹적인 냄새에 곧 마음이 혼란해졌다. 금식은 한 시간도 채 되지 않았기 때문에 결의가 무너지는 듯도 했지만, 유혹을 물리쳤다. 어쩔 수 없이 자신에게 물었다. "도대체 어떤 바보가 켄터키 프라이드 치킨 집에서 금식을 한단 말이지?"

곧 그곳은 굶주린 대학생들로 넘쳐났다. 맞은 편 자리가 채워지고 크고 시끄러운 무리가 내 자리로 건너오겠다고 요청했다. 내 계획은 효과가 있었다!

산처럼 거대한 한 사람이 내 바로 옆자리로 와서 자리의 대부분을 차지했다. 그가 자신을 중서부 대학 미식축구팀의 센터로 뛰었노라고 소개했다. 나에게 먹을 것이 없는 것을 보자 그는 친절하게도 육즙 가득한 닭고기가 든 빵들을 내 앞에 던져 주었다. 나는 수줍게 "감사합니다만 안됩니다. 저는 금식 중이에요."라고 거절했다.

그가 믿을 수 없다는 듯이 나를 쳐다보고는, 그의 눈썹이 일자로 일그러졌다. "켄터키 프라이드 치킨에서 금식을 한다구요?" 그는 정색하며 물었다. 나는 무슨 말을 해야 할지 몰랐다. 그리고 그는 일분 정도를 생각하며 우적우적 먹더니 나에게 "이런 모든 것이 진짜가 아닌 것으로 드러날 것이라고 상상해 본적은 없어요?" 우리 둘, 광신자와 축구선수는 함께 앉아 긴 시간 동안 이야기를 나누었다. 마침내 그는 나를 그의 친구에게 소개시켜 주었다. 그 전날밤에 그들이 무엇을 했는지는 알 수 없지만, 그들의 행동이 절제가 안되는 것을 보아서 그들은 동요하고 있는 것처럼 보였다.

그들은 전날 밤의 파티 이후에 친구들 중 한 사람이 긴급하게 영적인 상담이 필요하다는 데에 동의했다. 그들은 다음 파티에는 믿음 있는 한 사람이 필요하다고 생각한 것 같았고 나를 선정했다. "당신이 오늘 저녁에 오면 안될까요?" 새 친구들이 내게 물었다. 나는 그 날 밤 파티의 중심부인 주방에서 한 번에 한 사람씩 영적인 일을 물으려고 올 때마다 안절부절 못하며 지냈다.

내가 해변에 나타났을 때, 나는 사전 준비도 없었고 어리숙한 접근법이 이런 결과를 가져올지 결코 몰랐다. 그런데도 그 주간은 실제로 마치 복음서들에 나타난 장면과도 같았다. 결국 나는 영적인 필요를 가진 사람들에게 둘러싸였다. 나는 예수님이 그러신 것처럼 증언하며 그들의 필요를 채워 주었다. 돌이켜보면 그러한 기회는 금식과 기도 가운데서 일어났음을 깨달았다. 사실상 나의 사역의 위대하고 지속적인 결과들은 기도로부터 온 것이라고 생각하지 않을 수 없다. 우리가 기도하기로 선택한 것 외에는 아무 것도 중요하지 않았다.

당신의 이웃들과 당신의 교회들, 그리고 세상을 둘러보라. 예수님께서 당신을 통하여 어떤 일을 하기를 원하시는가? 불가능한가? 완벽하다. 자원이 부족한가? 물론이다! 당신이 갖고 있지 않는 지식과 기술들을 필요로 하는가? 항상 그렇다. 그것은 당신이 절대 얻을 수 없는 인력을 필요로 하는가? 거의 그럴 것이다. 이제 무릎을 꿇고, 출력 단추를 "On" 위치로 놓도록 하자.

우리가 하나님께서 서아프리카에 있는 무명인들이 예수님을 알게 해달라는 불가능한 간구를 했을 때, 그분은 당신의 영광을 온전히 나타내셨다. 결국, 하나님은 아브라함 시대부터 세상 모든 사람들을 부르시겠다고 말씀하셨다. 하나님은 우리가 간구하기만을 기다리고 계셨다. 예수님은 그를 믿는 사람은 누구든지 그의 기적의 능력에 다가갈 수 있다고 말씀하셨다.

> "내가 진실로 진실로 너희에게 이르노니 나를 믿는 자는 내가 하는 일을 그도 할 것이요 또한 그보다 큰 일도 하리니(요한복음 14:12)."

당신은 예수님이 하신 일을 하고 있는가? 그렇게 하고 싶지 않은가? 당신은 심지어 예수님 자신보다 더 큰 일도 할 수 있다! 어떻게 그것이 가능할까?

> "이는 내가 아버지께로 감이라 너희가 내 이름으로 무엇을 구하든지 내가 행하리니 이는 아버지로 하여금 아들로 말미암아 영광을 받으시게 하려 함이라. 내 이름으로 무엇이든지 내게 구하면 내가 행하리라(요한복음 14:12-14)."

예수님이 그의 구원 계획에 관한 우리의 특단의 기도에 특단의 능력으로 응답하실 것을 약속하셨다. 당신이 예수님을 믿는다면 그가 하신 일들을 시작하라. 매일 아침 그에게 무슨 일부터 할지 행군 명령을 요청하는 것으로 시작하라. 주위를 살펴보며 물어보라. 예수님이라면 내 지역 사회에서, 그리고 내 직장에서 무엇을 하셨을까? 예수님이 이 세상에서 나에게 무엇을 하라고 명령하셨는가? 두려움이 나를 가로막는 어떤 기회가 내 앞에 있는가? 내게 믿음이 있고 두려움이 없다면 내가 어떻게 할 것인가?

예수님께서는 우리가 예수의 이름으로 기도하기만 하면 예수님보다 더 큰 일도 할 것이라고 말씀하셨다. 단지 몇 개의 귀중한 결과를 위해서 당신만의 힘으로 땀흘리며 두드리기 보다, 무릎을 꿇고 실제적인 일을 행해야 한다. 하나님은 예수 이름으로 드리는 기도에 응답하신다.

2과_ 그 이름의 능력

 토론을 위한 질문

1. "예수 이름으로"란 무슨 뜻입니까?

2. 당신의 교회나 사역에서 어떻게 예수이름으로 기도할 수 있을까요?

3. 예수님이 성경에서 당신의 교회나 사역을 통해 지역사회나 세계에서 무엇을 하라고 명령하셨습니까?

4. 하나님이 당신과 일터, 사역이나 교회에서 그의 뜻을 나타내 주시기를 위해서 기도하십시오. 이런 계시의 결과로 당신은 하나님이 무엇을 하시기를 원하고 계신다고 생각하십니까?

5. 지역사회나 세상에서 예수님의 뜻을 이루기 위해서 어떤 구하기 힘든 자원들을 필요로 합니까? 어떤 극복할 수 없는 방해물이 가로막고 있습니까?

6. 당신의 사역에서 이런 방해물들을 극복하고 예수님의 계명을 더욱 온전하게 순종할 수 있는 기도 목록들을 작성해 보세요.

제3과 백지 위임

하나님은 믿음과 신실한 기도에 응답하신다.

우리가 살던 아프리카의 오두막 집들 사이로, 잡초를 뚫고 두 개의 고랑이 파여진 길을 정기적으로 운전해 다녔다. 집으로 가는 길가에 백내장으로 시력을 잃은 할아버지가 앉아 있었다. 나는 그가 앉아 있는 의자 옆으로 거의 매일 차를 몰고 지나다니며 습관적으로 그에게 손을 흔들었지만 그는 한 번도 손을 흔들어 주지 않았다.

어느날 그에게 인사하려고 차를 멈추었다. 나는 나이 많은 분에게 쓰는 전통적인 존경어로 말했다. "아버님, 제가 이곳을 지날 때마다 당신께 손을 흔들었지만 당신은 저를 볼 수 없어서 제게 손을 흔들지 않으셨어요." 그 사람의 얼굴이 진지해 보였다. 서아프리카에서는 인사를 거절하는 것은 무덤에 가라는 모욕과 같다. 나는 할아버지께 말했다. "좀 다른 방법을 써 보지요. 당신이 제 차가 지나가는 소리를 들을 때마다 당신에게 손을 흔든다는 것을 아실테니까 제게 손을 흔들어 주세요."

그 사람의 얼굴에 함박웃음이 터져 나왔다. 그 후부터 내가 차를 타고 지날 때마다 서로에게 손을 흔들게 되었다. 심지어 그 시각장애인 조차도 당신에게 손을 흔들 때 당신은 그 공동체의 한 일원이 되었음을 알 것이다. 그와 나는 함께 서로 나눈 그 비밀스러운 유대감을 즐겼다. 나는 그가 손을 흔들 때마다 몰래 얼굴에 싱글거리는 웃음을 지었던 것을 잊지 못할 것이다. 그 일 분 동안은 마치 그가 나를 보고 있는 것 같았다.

그렇지만 내가 차를 몰고 지나갈 때, 그 노인이 손을 흔들지 않는다면 어떨까? 나는 아마 그에게 물었을 것이다. "당신은 내가 당신에게 손을 흔들 것이라고 말한 것을 믿지 못했습니까?" 만일 내가 가끔 하나님을 대할 때처럼 그가 나를 대했다면 이렇게 말할 것이다."오, 물론 믿지요. 나는 당신을 믿어요. 내가 단지 믿음에 따라 행동하지 않는다고 해서 내가 믿지 않는다는 뜻은 아닙니다." 나는 그 말에 감동하지 않을 것이다. 내가 감동을 받은 대목은 그가 비록 내가 흔드는 손을 볼 수 없을지라도 내게 손을 흔들었다는 사실 곧 내가 손을 흔들어 주겠다는 내 말을 믿고 손을 흔드는 믿음 때문이다.

이 시각장애인처럼 우리도 비록 그를 볼 수 없지만 우리의 행동으로 하나님께 대한 우리의 믿음을 나타내야 한다.

지성적인 동의만으로는 충분하지 않다. 성경에서 행함이 없는 믿음은 단지 죽은 것일 뿐만 아니라 믿음 자체가 아니라고 말씀하고 있다. 순종이 없는 추상적인 믿음이라는 것은 없다.[1] 우리가 성경적 믿음의 개념을 갖게 된 히브리어 어원을 보면 어떤 것이 보이지 않을지라도 확고하다고 여긴다는 뜻이다.[2] 우리가 가진 믿음의 정도는 그것에 대한 우리의 신실함의 정도로 나타난다. 우리는 행동으로 믿음을 증명한다.

지금까지 기도의 응답을 너무 많이 보아와서 하나님의 존재하심을 의심할 수는 없지만 종종 내 믿음이 존재하는 지가 의심스러울 때가 있었다. 만약 성경적 믿음이 행동으로 뒷받침되는 믿음을 뜻한다면 예수님이 말씀하신 기도를 이해하는데 도움이 된다. "하나님을 믿으라…. 내가 진실로 너희에게 이르노니 누구든지 이 산더러 들리어 바다에 던져지라 하며 그 말하는 것이 이루어질 줄 믿고 마음에 의심하지 아니하면 그대로 되리라. 그러므로 내가 너희에게 말하노니 무엇이든지 기도하고 구하는 것은 받은 줄로 믿으라 그리하면 너희에게 그대로 되리라(마가복음 11:22-24)."

마태복음에서 예수님은 포괄적인 말씀으로 이 같은 교훈으로 끝맺으신다. "너희가 기도할 때에 무엇이든지 믿고 구하는 것은 다 받으리라(마태복음 21: 22)." 예수님께서 "하나님을 믿으라(마가복음 11:22)."라고 말씀하셨을 때, 그분의 말씀은 또한 우리가 믿음대로 살도록 도전한다.(동일한 헬라어 단어는 신약에서 "믿으라"와 "믿음을 가져라"의 두 가지로 번역이 되었다.) 우리는 모두 강한 믿음과 연약한 믿음 사이에서 갈등하고 있다. 예수님은 보이는 세계와 보이지 않는 세계 사이에, 보는 것과 믿는 것 사이에 붙잡혀 있는 모든 이들에게 믿음의 도전장을 던지셨다. 예수님은 "믿는 자에게는 능치 못할 일이 없느니라(마가복음 9:23)."고 하시며 우리 모두에게 단호하게 도전하신다.

나는 성구에 헬라어를 샐러드처럼 집어 넣었는데, 그것은 말하는 그대로를 정확히 전하기 위함이다. 우리가 하나님을 믿는 믿음을 갖고 그 믿음 대로 살면, 우리 기도에 대한 특단의 응답은 무제한이라는 것을 볼 수 있을 것이다.

이 구절이 마법처럼 효력이 있을까? 이것은 마치 당신이 눈을 감고 어떤 것을 몇 번씩 충분히 반복하게 되면 그 일이 이루어진다는 것처럼 보인다. 그러나 결코 그렇지 않다. 예수님은 우리의 삶에서 요정을 믿는것 같이 원하는것을 매번 얻게된다고 말씀하지 않으신다. 이 원리의 모든 핵심적인 조건은 하나님께 대한 참된 믿음으로 살아야 한다는 것이다. 그의 주권과 이 세상을 향한 하나님의 뜻에 복종하며 산다는 뜻이다. 우리가 마치 마법처럼 주님을 기도로 조종할 수는 없다.

하나님은 히브리서 11장에서 믿음의 사람들을 묘사하는 것과 같은 삶의 양식에 대해 말씀하신다.

> "그들은 믿음으로 나라들을 이기기도 하며, 의를 행하기도 하며, 약속을 받기도 하며, 사자들의 입을 막기도 하며, 불의 세력을 멸하기도 하며, 칼날을 피하기도 하며, 연약한 가운데서 강하게 되기도 하며, 전쟁에 용감하게 되어 이방 사람들의 진을 물리치기도 하며, 여자들은 자기의 죽은 자들을 부활로 받아들이기도 하며, 또 어떤 이들은 더 좋은 부활을 얻고자 하여 심한 고문을 받으나 구차히 풀려나기를 원하지 아니하였으며, 또 어떤 이들은 조롱과 채찍질뿐 아니라 결박과 옥에 갇히는 시련도 받았으며 돌로 치는 것과 톱으로 켜는 것과 시험과 칼로 죽임을 당하고 양과 염소의 가죽을 입고 유리하여 궁핍과 환난과 학대를 받았으니 이런 사람은 세상이 감당하지 못하느니라(히브리서 11: 33-38)."

예수님은 믿음의 기도에 응답하시겠다고 약속하셨는데, 여기에는 신실함도 포함된다. 요한은 신앙, 믿음, 그리고 신실함의 관계를 잘 나타내주고 있다.

> "사랑하는 자들아 만일 우리 마음이 우리를 책망할 것이 없으면 하나님 앞에서 담대함을 얻고 무엇이든지 구하는 바를 그에게서 받

나니 이는 우리가 그의 계명을 지키고 그 앞에서 기뻐하시는 것을 행함이라 그의 계명은 이것이니 곧 그 아들 예수 그리스도의 이름을 믿고 그가 우리에게 주신 계명대로 서로 사랑할 것이니라(요한 1서 3: 21-23)."

요한은 우리가 하나님의 명령에 순종하고 그분이 기뻐하시는 일을 행할 때에만 우리가 구하는 모든 것을 받는다고 말한다. 명령을 믿는 것이고 우리가 믿을 때에는 그리스도의 계명들에 순종하는 것이다. 믿음과 순종은 우리가 구하는 것은 무엇이든 얻기 위한 전제 조건으로서 뗄래야 뗄 수 없는 결합으로 단단히 묶여져 있다. 우리가 기도의 능력을 보기 위해서는 믿고 순종해야 한다.

{깨달음 3.1}

야고보는 말한다. "믿음의 기도는 병든 자를 구원하리니 주께서 그를 일으키시리라… 의인의 간구는 역사하는 힘이 큼이니라(야고보서 5:15-16)." 이 기도의 정의에 따르면 믿음의 기도는 믿음대로 살아가는 의인이 드리는 것이다. 사람들이 하나님께 대한 믿음 때문에 하나님께 순종할 때, 믿음은 신실함이 된다. 둘은 분리될 수 없다.

예수님께서는 의심은 믿음으로 드리는 기도의 적이라고 말씀하신다.

"내가 진실로 너희에게 이르노니 누구든지 '이 산더러 들리어 바다에 던져지라' 하며 그 말하는 것이 이루어질 줄 믿고 마음에 의심하지 아니하면 그대로 되리라(마가복음 11:23)".

야고보도 같은 헬라어 단어를 사용한다. "오직 믿음으로 구하고 조금도 의심하지 말라(야고보서 1:6)". 헬라어의 의심이라는 단어는 "판단하다" 또는 "분별하다"를 뜻하는 단어들과 관련이 있다. 우리의 기도 생활은 우리가 하나님을 믿는다는 것을 보여주고 있습니까? 아니면 하나님이 내가 원하는 방식으로 이 기도에 응답하신다면, 선하신 하나님이라 믿는다고

믿음과 순종은 우리가 무엇을 구하든지 얻게 되는 것과 기도의 능력을 보게 되는 전제 조건들이다

스스로 말하면서 우리의 회의적인 판단을 그에게 적용하고 있습니까? 그것은 성경에 나오는 의심의 한 형태입니다. 하나님이 우리가 원하는 대로 얼마나 잘 들어주시는 가에 따라 하나님의 행동을 평가하는 것이다. 그러나 하나님은 우리의 검사나 승인의 대상은 아니시다. 오히려 우리는 자신을 하나님께 복종시키며 믿음과 신실함으로 기도해야 한다.

{깨달음 3.2}

그래서 하나님이 그러한 기도에 응답하시지 않으시기로 결정하셨다면 이것은 우리가 믿음이 없기 때문일까? 우리는 이런 섣부른 결론을 내리지 말아야 한다. 대학에 다닐 때 나는 "표적과 기사"라는 주일학교 성경공부 반에 출석한 적이 있었다. 휠체어를 타던 우리 선생님 데이빗은 그의 모든 행동과 말에서 성숙함과 영성을 보여주었다.

매 주일에 어떻게 성령님이 예언과 치유와 같은, 초자연적인 사건들을 통해서 믿지 않는 자들을 그리스도에게 나아오게 하는지에 대한 영상을 보았다. 영상이 끝난 후 우리는 성경적인 가르침은 완전히 무시하고 비

전문가와 같은 시간을 가졌다. 매 주일날 반의 멤버 중 한 사람 – 짐이라고 불러보자 – 짐이 일어선다. 짐은 드라마틱하게 먼 곳을 보는 듯한 눈길로 한 손을 우리 선생님의 어깨에 얹었다.

"데이빗, 오늘은 마침내 당신이 믿음을 갖게 될 주일입니다. 오늘 당신은 마침내 예수님을 믿는 믿음으로 그 의자에서 일어날 것입니다! 데이빗이 믿고 그의 다리가 고침받도록 우리 모두 데이빗을 위해서 기도합시다." 우리가 데이빗에게 다리의 마비가 철저하게 믿

우리는 믿음과 신실함으로 기도해야 하고 우리 자신들을 하나님께 복종시켜야 한다

음의 결핍 때문이라고 책망하며 거대한 압박을 가할 때마다 나의 속은 항상 뒤틀렸다. 우리 모두는 주일마다 그렇게 따라했지만, 나는 세 개의 끈으로 채찍을 만들어 짐을 수업과정에서 몰아내고 싶은 생각이 들었다.

이 마비된 사람은 우리에게 얼마나 믿을 수 없는 용기를 보여 주었던가? 나는 그의 태도에 깊은 감명을 받았다. 짐의 신학에는 문제가 있었지만, 성경적으로는 지적할 수 없었다. 짐의 해석으로 데이빗의 질병은 그를 믿음 없는 사람으로 판단하는 계기가 되었다. 그의 분명한 믿음에도 불구하고 왜 그가 치유를 받지 못했는지 모른다. 나는 이 상황에서 하나님의 말씀을 적용할 부분을 온전하게 이해하지 못했다.

몇 주가 지난 후 마침내 데이빗이 그의 방법대로 짐을 다루기 시작했다. 그는 특유의 먼 눈빛을 하고 말했다. "짐, 오늘이 우리 모두가 바로 자네와 자네 가족의 치료를 위해서 기도할 날일세. 우리는 자네가 지금 경제적인 속박으로 고통당하고 있는 것을 안다네. 우리가 자네 주위에 원을 만들어 둘러싸고 일곱 번 행진하며 크게 기도할 것이네. 일곱 번을 돈 후 자네의 경제적 문제의 여리고 성이 무너지고 자네는 응답를 받게

될 것이네."

나는 그것이야 말로 훌륭한 발상이라고 생각했다. 즉시 우리 모두가 일어서서 우리의 형제 짐 주위에 전투대열을 이루어 서서 시끄러운 기도의 위성들처럼 궤도를 선회했다. 우리는 다른 모든 생각을 배제하고 짐의 재정적 치유를 위해 간절히 큰 소리로 기도했다. 아무도 횟수를 세지 않는다는 사실을 우리 각자가 깨닫기 시작할 때까지는 모든 일이 훌륭하게 진행되었다. 처음에는 한 명이, 그리고 더 많은 사람들이 언제쯤 도는 것을 멈출 지 신호를 보기 위해서 서로를 힐끗 거리기 시작했다. 이 일을 중단하자고 먼저 제안하는 것은 거룩하지 않은 사람처럼 보일 것이었다. 어느 시점부터는 위성 효과가 점차 혼동된 말똥가리 떼처럼 회전했고, 주춤거렸고, 주위를 돌아보며 산만하게 기도했다.

데이빗은 어떤 이유인지 우리에게 멈추라고 하지 않았다. 마침내 우리는 그냥 멈추었고 한 사람씩 의자에 풀썩 주저 앉았다. 나는 짐이 경제적인 자유함을 얻게 되었는지 궁금했지만 결코 알 수 없었다. 내가 기억하기로 그는 다시는 그 수업에 돌아오지 않았다.

데이빗의 마비는 그의 믿음의 결핍에 근거한 것일까? 우리가 짐의 주위를 한 바퀴만 더 돌았다면 그가 재정적인 응답을 받았을까? 나는 그렇게 믿지 않는다. 성경이 하나님은 약한 질그릇을 통해 더욱 강하게 역사하셔서 자신의 능력을 더욱 완전하게 나타내신다고 우리에게 가르치고 있다.[3] 예수님께서는 "하나님의 하시는 일을 그에게서 나타나게" 하기 위하여 한 사람이 소경으로 태어났다고 말씀하셨다.[4] 우리

우리가 연약함에도 불구하고 어떤 것을 성취하면 하나님의 영광이 창대해지고 하나님을 위한 우리의 필요가 더욱 정확하게 그려진다

중 아무도 약한 자가 되거나 고통 당하기 원치 않지만, 우리의 피할 수 없는 연약함에도 불구하고 어떤 것을 이룰 때 하나님의 영광이 드러나고 우리는 우리가 하나님의 친절한 도움을 필요로 한다는 더욱 확실한 그림을 얻게 된다.

{깨달음 3.3}

하나님은 우리가 그분을 알고 실제 존재하시는 대로 사랑하기를 원하신다. 우리는 천국에서 그와 함께 할 영적인 집을 사모하는 법을 배워야 한다. 우리는 연약함을 통해 이 세상이 우리의 거할 집이 아니며 현재의 창조가 인간의 죄로 뒤틀려 있으며 하나님께서 완전한 것으로 대체하실 것임을 배운다.[5] 그분은 자신의 본성이나 이 세상의 타락에 대한 우리의 인식을 벗어나는 방식으로는 기도에 응답하지 않으실 것이다. 우리의 기도 중 어떤 것들은 하나님의 본성과 일치하지 않기 때문에 응답 받지 못하고 지나간다. 어떤 때는 하나님의 생각이 우리의 이해의 영역을 넘어서기 때문에 우리는 이 과에서 탐구할 믿음이 가득 찬 불평에 관한 원리를 적용해야만 한다.

우리는 믿음으로 간절히 기도해도 모두 받지 못한다는 것을 경험으로 안다. 우리의 기도가 그대로 응답되지 않는다고 우리의 믿음이 문제가 있는 것은 아니다. 우리는 불완전함으로 신음하는 모든 피조물과 함께 타락한 세상에서 살고 있기 때문이다.

우리가 기도할 때에 데이빗이 정말로 하나님을 의심하였을까? 정말 그가 의심하였는지는 알 수 없다. 그는 마치 돌처럼 굳건히 앉아 있었고 그의 주변에 있는 사람들에게 성경을 가르치고 있었다. 하나님은 어쨌든 그

때에는 이 타락한 세상의 자연적인 계획에서 벗어날 용의가 없으셨을 뿐이다. 내 마음속에는 데이빗에 대해 성찰하고 있는 것이 아니었다. 사실, 예수님이 먼저 재림하지 않으신다면 우리가 얼마나 많이 그를 위해서 기도했든지 또는 그가 얼마나 많은 믿음을 가지고 있었든지 상관없이 어느 날 데이빗은 죽게 될 것이 확실하다. 이 세상의 자연적인 법칙에 의해 죽었다는 이유로 데이빗의 믿음을 비난하는 것은 너무 근시안 적이다.

결국 데이빗, 짐, 그리고 우리 모두는 이 세상에서 같은 문을 향하여 가게 될 것이고, 우리 모두 그 길에서 고통을 당한다. 이것이 이 세상의 본질이다.

왜 어떤 기도는 응답 받고 어떤 기도는 응답을 받지 못하는지 우리는 알지 못한다. 그리스도께서 다시 오시기 전에 하나님께서 우리의 모든 기도에 응답하셨는지 평가하려는 노력은 시기상조다. 하나님은 우리 기도 중 어떤 것은 예수님이 재림하신 후 응답을 마치실 것이다.

그러나 우리는 하나님이 우리에게 믿음과 신실함으로 기도하도록 초청하셨고 이렇게 기도하는 자들에게 크신 능력을 약속하셨음을 들었다. 우리는 하나님을 기도에 응답하심에 근거하여 그의 선하심을 분별하거나 평가함으로 의심하지 말아야 한다. 우리는 단순히 믿음으로 기도하고 우리가 알고 있는 가장 신실한 삶을 살아갈 뿐이다. 그런 후 우리는 하나님의 공급하심을 바라보며 기다린다. 예수님께서 우리 삶의 선택을 통해 믿음을 반영할 때 기도에 응답하신다고 가르쳐 주신다. 믿음이 자라면 기도 생활의 능력도 함께 자라난다. 기도하라. 그러면 하나님의 응답이 당신의 믿음을 자라게 할 것이다.

서 아프리카의 캄캄한 밤중에 긴급 상황임을 알리는 작지만 필사적으로 창가에서 부르는 소리가 나를 잠에서 깨웠다. 마을에 사는 내 친구들은 의료적인 도움을 받기 위해서 밤 몇 시든지 나의 도움을 받고자 찾아 오곤 했기 때문에 전혀 이상한 일은 아니었다. 종종 나는 사람들을 병원에 데려다 주곤 했지만, 그 날은 뭔가 달랐다.

침대에서 나오자마자 이웃이 창가에서 말하는 소리를 들었다. "아이샤가 다시 숨을 쉬어요. 그런데 빨리 와 보세요." 옷을 입으면서 나는 그 말을 다시 생각해 보았다. 아이샤가 아픈 것조차도 몰랐다. 내가 비틀거리며 언덕을 내려가 그녀가 누워있는 오두막집의 입구에 들어갔을 때에 그녀가 눈을 크게 뜬 교인들에게 둘러싸여 평화스럽게 자고 있는 것을 보았다. 교회 여성들의 지도자가 말했다. "호흡이 멈추고 팔이 차가워졌어요. 그 다음 우리는 아이샤를 위해 기도했습니다. 그러자 아이샤가 다시 숨을 쉬기 시작했고, 팔도 다시 따뜻해졌어요."

나는 한동안 그들을 응시하며 돌발 사건의 상황을 이해해 나갔다. 내가 무슨 말을 할 수 있었겠는가. "그 좋은 일을 계속 하세요"라고? 내가 오직 할 수 있었던 것은 그들의 기도에 내 기도를 더하고 다시 비틀거리며 집으로 돌아온 것이었다. 지금까지 어떤 열대병이 아이샤를 거의 죽게 했는지 도무지 알 수가 없다.

이미 죽음의 문턱을 두드리고 있는 아이의 몸이 식어가고 있을 때, 기도할 수 있는 믿음을 가진 사람이 우리 중 누구인가? 그러나 이 신실한 신자들이 해냈다. 하나님은 믿음과 신실한 기도에 응답하신다.

 토론을 위한 질문

1. 믿음은 순종하지 않고는 존재하지 않습니다. 그것은 우리가 믿음에 따라 행동해야 할 필요성과 그리스도인의 행보에서 순종의 중요성에 대해 어떤것을 알려 줍니까?

2. 당신의 삶에서 어떤 행동이 믿음을 증명합니까?

3. 당신의 교회와 사역에서 하나님이 실재하신다는 것 외에는 설명할 수 없는 어떤 일을 하고 계십니까?

4. 믿음으로 기도했다고 생각했는데 응답받지 못한 적이 있습니까? 왜 그런 일이 일어났다고 생각하십니까?

5. 우리가 기도할 때 하나님께 대한 우리의 믿음이 부족했음을 드러내는 기도의 종류를 서술해 보십시오.

6. 당신의 믿음이 약하다고 느꼈지만 어떤 것을 위해 기도했던 때를 이야기해 보세요. 하나님은 당신의 기도에 어떻게 응답하셨습니까?

7. 당신의 믿음을 성장시킬 계획을 세워 보세요. 다음 주에 당신의 계획을 실제적으로 어떻게 시작하실 계획입니까?

4과_ 부끄러움 없는 뻔뻔함

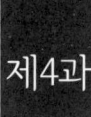

제4과 부끄러움 없는 뻔뻔함
하나님은 끈질긴 기도에 응답하신다.

어렸을 때 종교적인 열정으로 무언가를 얻고자 하는 꿈을 꾼 적이 있는가? 아마 당신은 강아지나, 닌텐도 게임 또는 옆집의 수영장을 갖고 싶어서 거의 죽을 지경이었을 것이다. 나는 왜 어머니에게 장난감 칼을 사달라고 하지 않았는지 모르겠다. 다섯살 쯤 되었을 때 나쁜 방법으로라도 작은 플라스틱 장난감 칼을 갖기를 열망하고 있었던 기억이 난다.

우리 어머니는 기도에 대해 가르쳐 주곤 하셨기 때문에 나는 하나님께 그 장난감 칼을 달라고 기도하기 시작했다. 다섯 살 된 나의 생각에는 몇 달처럼 길게 느껴지도록 정기적으로 기도했다. 집중할 수 있는 시간이 고작 15초인 어린 소년에겐 끈질긴 기도란 결코 쉽지 않은 과제였다. 하나님이 응답하신다는 징조는 없었지만 나는 계속해서 열심히 하나님께 기도했다. 내가 자기 위해 침대로 옮길 때까지 나의 작고 캄캄한 방에서 대화를 나눈 것을 기억한다. "하나님, 제발 제게 장난감 칼을 주신다면 그 위에 설탕도 조금 뿌려주세요."

당시 하나님에 대한 내 시야는 작았다. 방안의 어두움이 나를 공포로 떨게 할 때면 하나님께로 향했다. 그가 들으시는지는 몰랐지만 하나님이 내 침실의 천장 위 한 구석에 계신다고 확신하고 있었다.

그 응답은 어느 날 우리 가족이 해변에 놀러 갔을때 왔다. 내가 마지막으로 바다에서 파도쪽으로 달려갔을 때 가족들이 짐을 싸고 차에 오르고 있었다. 거기에, 반쯤 무너져가는 모래성에 반쯤 덮힌 채로 무딘 은색 플라스틱 칼이 보였다. 주위를 돌아보았지만 아무도 없는 황량한 해변 뿐이었고 주변에 주인이라고 할 만한 사람은 보이지 않았다. 모래에 묻혀 있는 장난감 검을 뽑으려고 손을 뻗었을 때 영화 〈반지의 제왕〉 주제곡이 배경음악으로 흘렀어야 했다.

나는 이 순간을 수십 년 넘게 되새길 것이다. 하나님이 내 방 한 구석에만 계시는 것이 아니라, 만족하지 못한 내 영혼의 갈망을 들으신다는 것을 확실히 알게 된 첫 번째 순간이었다. 아직까지도 장난감 칼 손잡이에 있는 울퉁불퉁한 디자인의 안정적인 질감과 어색한 칼날의 각도, 아득한 전투의 상처도 기억하고 있다. 그 냄새와 검이 있던 자리의 느낌, 대전에서 열심히 난도질하며 싸웠던 증언도 기억할 수 있다.

내가 얼마나 그 장난감 검을 좋아하는 지를 보신 어머니는 더 좋은 품질의 새 검을 사 주셨지만, 그 해변에 버려져 있던 물건은 나의 어렸을 적 기억들 중의 하나로 새겨져 있다. 내 손에 있는 그 심상치 않은 무기는 단순한 진실을 보여주는 증거가 되었다. 즉, 하나님은 끈질긴 기도에 응답하신다.

예수님께서는 이 교훈을 이 천년 동안이나 가르쳐 오셨다. "주여 기도를 가르쳐 주시옵소서"라고 제자들이 간청했을 때 예수님은 한 끈덕진 친구에 대한 이야기를 들려주셨다. 그 후 끈질긴 과부에 대한 이야기로 요점을 강조하셨다.[1] 예수님은 "항상 기도하고 낙심하지 말아야 할 것"을 보여주기 위해 이 두 이야기를 하셨다(누가복음 18:1).

성경의 한 이야기에서 도움이 필요한 한 과부가 부패한 재판관에게 공의를 베풀어 주기를 간구하지만 그녀의 요구를 거절한다. 그 과부는 재판관에게 거듭해서 간청했기에 재판관은 마침내 결정했다. 이 과부는 믿기 어려울 정도로 끈질긴 사람이야! 이 과부는 도대체 포기하지 않을 사람이지. 이 과부가 원하는 것을 해 주는 것이 좋겠어. 그렇지 않으면 나를 지쳐 떨어지게 만들 거야! 부끄러움 없는 뻔뻔한 끈기가 결실을 맺는

부끄러움 없는 끈질긴 기도는 보상을 받는다

다. 이 이야기를 하신 후 예수님은 "그 밤낮 부르짖는" 기도를 "속히" 들어주시리라고 약속하시며 우리를 격려하셨다(누가복음 18:7-8).

{깨달음 4.1}

예수님은 또한 한밤중에 이웃집의 문을 두드려 음식을 꾸어 달라는 넉살 좋은 한 사람의 예화를 그림처럼 묘사하신다(누가복음 11:5-13). 당신은 이웃에게 한 밤중에 그렇게 밀어붙이는 것을 상상할 수 있는가? 현관에 불이 켜진다. 파자마 바람인 당신의 이웃이 문구멍으로 눈을 가늘게 뜨고 내다 본다. 그는 산탄총과 몇 방의 총알을 어설프게 만지다가 갑자기 당신을 알아본다. 오! 그 미친 이웃사람이다.

부인이 경찰서에 전화 거는 것을 멈추게 한 후 그는 당신을 보내기 위해서 음식을 내어준다. "저 친구의 뻔뻔스러움이야!" 그가 침대 속으로 도로 발을 넣으면서 투덜거린다.

한 번역본은 그 사람의 요청을 "담대함(누가복음 11:8)"으로 표현해서 그 요구를 고상하게 들리도록 노력했다. 헬라어 단어의 뜻은 "부끄러움 없는" 또는 "뻔뻔스러운"의 뜻이다. 밤에 찾아온 이웃은 무엇이 예의인지 전혀 감각이 없는 자이다. 그는 사회생활 할 때의 규칙과 예의에 대해 대해 관심이 없는 사람이다. 그는 어떤 사람이 와서 그의 필요를 채워줄 때까지 얼마나 무례하고 부당하게 보일 지는 상관하지 않고 그 문을 두드릴 것이다. 예수님은 이 묘한 장면을 묘사하신 후 당신과 나에게 이 연극에서의 별난 역할을 던지신다. 예수님은 우리에게 "부끄러움 없는" 기도로 천국문을 무례하게 끝없이 대담하게 무시로 모든 적당함을 무시하며 두드리는 기도를 하도록 도전을 주셨다. "내가 또 너희에게 이르노니 구하라 그러면 너희에게 주실 것이요 찾으라 그러면 찾을 것이요 문을 두드리라 그러면 너희에게 열릴 것이니(누가복음 11:9)".

나는 이전에 이런 종류의 끈질김을 본 적이 있다. 어느 날 내가 사는 서아프리카 마을에서 두 시각장애인이 우리집 현관에까지 왔다. "선생님, 당신에게 우리를 완전히 맡깁니다"고 말했다. "우리는 당신이 우리를 다시 볼 수 있게 할 것이라고 온전히 확신하고 있습니다." 그들은 내가 눈이나 의약에 대해 전혀 모른다는 사실은 신경쓰지 않았다.

그러나, 우리 선교사들이 전혀 자원이 없는 것은 아니었다. 나는 먼저 하나님의 능력에 관한 좋은 말씀을 전하고 두 사람을 위해서 기도했다. 나는 약품상자를 샅샅이 뒤져서 구충제와 비타민들을 꺼내 주었다. 나는 이 두 배합으로 거의 모든 것들을 고치는 것을 보아왔다.[2]

여러 세대를 거치는 동안 서아프리카의 이 지역에 사는 사람들은 미국인들이 결코 꿈도 꾸지 못할 면역체제를 발달시켜왔다. 말라리아와 몇 가지의 질병을 유발하는 유기체에 의한 병들은 그들에게는 정상적인 건강 기준이었다. 그들은 일반적으로 질병을 네 번이나 다섯 번째 걸려야 의사를 찾는다. 종종 그들의 한 두 가지 질병을 근절하게 되면 그들 안의 면역 체제가 나머지 침범한 유기체를 고속도로 위의 딱정벌레들 처럼 짓밟아 버릴 수 있다.

그 후 나는 구충제와 비타민을 나누어 주면서 기적의 일꾼이란 명성을 얻었다. 사람들은 어떤 때는 하루 종일 걸어서 - 심지어는 다른 나라에서라도 - 우리 집 현관을 찾아 왔다. 만약 당신이 오늘 텍사스에 있는 우리 집 현관에 온다면 나는 아마도 반사적으로 당신에게 구충제와 비타민을 제공하려 할 것이다.

이 두 시각장애인이 떠난 후 나는 그것이 그 일의 마지막이라고 생각했다. 그러나 인간 부메랑들처럼 그들은 거의 매일 다시 찾아왔다. 그 두 시각장애인은 그들의 삶에 달리 해야 할 일이 있었겠는가? 처음 방문했을 때 한 어른이 그들의 손을 잡고 우리 집으로 안내했다. 다음 번에는 한 아이가 그들을 우리 집으로 인도해 왔다. 그러나 마을 사람들이 이 두 시각장애인이 매일 계속해서 나를 찾아온다는 것을 안 후에는 아무도 그들을 데려오려고 하지 않았다. 심지어는 어린이들도 마찬가지였다. 그래서 그들은 발을 헛디뎌 가며 마을을 헤매다가 우리집 현관까지 찾아 오곤 했다.

둘 중 한 사람이 미묘한 색조를 겨우 알아볼 수 있어서 그는 다른 친구를 이끌고 우리 집을 찾았다. 그들이 마을을 정처없이 헤매는 모습을 보며 예수님의 시각장애인 안내자에 관한 비유가 생각났다. 부끄럽지만 그들이 우리집 가까이 올 때면 나는 한 번이상 정말 조용히 숨을 죽이고 있어서 우리를 찾지 못하도록 했다. 쉬~ 시각장애인들이 왔다. 아무도 소리를 내지 말아라! 나는 아이들에게 조용하라고 하곤 했다.

나를 판단하지 않길 바란다! 그들이 나를 발견할 때마다 나는 그들과 같이 현관에 앉아 한 시간 이상 어떤 때는 훨씬 더 긴 시간을 기도해 주며 때로는 약을 주는 등 내 하루의 긴 시간을 항상 그들을 위해 투자했다. 왜냐하면 나는 예수님도 그렇게 하기를 원하신다고 믿었기 때문이다. 나는 그들을 긍휼히 여기려고 노력했지만 그들이 매일 방문하는 것은 나를 너무 지치게 만들었다. 게다가 내 마음의 깊은 곳에는 내 기도가 도움이 된다는 믿음이 사라졌다. 그렇지만 이 사람들은 끈질김, 부끄러움 없는 인내심, 바로 그 자체의 모습이었다.

그렇지만 얼마가 지난 후 그들은 오지 않았다. 어느 날 내가 마을에 들어가면서 그 중 한 사람의 친척을 만나 그들에게 어떤 일이 일어났는지 물어보았는데, 그 중 한 사람이 시력을 회복했다는 말을 들었을 때 나는 하마터면 뒤로 넘어질 뻔 했다.

그렇다면 왜 기도를 열심히 하는 선교사인 내가 그것으로 인해 그토록 놀랐을까? 예수님의 가르침은 참되다. 하나님은 끈기 있는 기도에 응답하신다. 이 사례에서 왜 다른 한 시각장애인의 끈질긴 기도에는 응답하지 않으셨는지는 이해가 되지 않는다. 왜 모든 기도에 대한 응답을 받지 못했는지 나도 설명할 수 없다. 그러나 하나님이 응답하시려고 선택하시는 기도는 거의 모두 끈질긴 기도임을 배웠다.

나는 당신을 알지 못하지만, 성가신 이웃과 끈질긴 과부의 비유들로 예수님이 그리시는 신학적인 그림을 좋아하지는 않는다. 정말 하나님은 자신을 부패한 재판관이나 한밤중에 문을 두드리는 소리에 늦게야 대답을 하는 이웃사람과 비교하고 있을까? 실제로 나는 예수님이 하나님과 이 의심스러운 사람들 사이에 완벽한 평행선을 그리려고 하지 않았다고 생각한다. 뿐만 아니라 예수님은 하나님이 단지 우리에게 싫증이 나서, 또는 우리가 없어지기를 바래서 우리가 원하는 것을 주신다고 하시지도 않는다. 중요한 것은 우리가 재판관처럼 되는것이 아니라 좀더 과부처럼 되는 것을 배워야 한다는 데 있다. 그리고 하나님이 밤에 주무시지 않으실 때에 그 이웃처럼 문을 두드리는 것을 배워야 한다는 것이다.

우리는 편의를 위해서 하나님께 기도하는 것을 선호할 수도 있지만, 예수님은 우리에게 하늘의 하나님에 대하여 다른 것을 가르치신다. 하나님은 끈질기게 기도하는 사람들에게 응답하신다. 우리가 반복해서 기도해야 하는 근거가 되는 하나님의 끈질기심은 당신에 관한 것이 아니라 그가 모든 능력의 근원임을 배우는 우리에 관한 것이다. 우리가 끈질기게 기도함으로 얻은 것이 아니라면 하나님의 능력으로 이루어진 기적의 영광을 취함으로 교만해져서 우리 자신들을 완전히 멸망하게 하지 않겠는가? 교만은 우리의 머리를 높이 들게하고 우리의 영혼들을 질식하게 할 것이다.

끈질긴 기도는 믿음은 세우고 교만을 최소화 해야 한다. 만약

끈질긴 기도는 믿음은 세우고 자존심은 줄인다

하나님께서 두 시각장애인들을 그들의 첫 방문시에 고쳐 주셨다면 내가 생각하기를 '와아, 그 구충제와 비타민 치료가 내가 생각하던 것보다 더욱 효과가 좋구나'라고 생각할 것이다. 또한 하나님이 우리가 함께 몇달 동안을 같이 기도한 후에 한 사람만 고쳐 주심으로 우리의 의심을 넘어

하나님이 하셨음을 알게 하셨다. 하나님이 일하고 계셨던 것이다.

{깨달음 4.2}

사실 이전엔 나는 구충제가 병에 경이롭게 작용할 수도 있다고 가정하곤 했다. 한 예로 어느 날 내가 조금 떨어진 마을을 걸어가고 있을 때 한 아주머니가 내게 와서 말하길 "나를 기억하세요? 내가 시각장애인이었고 당신 집에 한 번 간 적이 있었지요. 당신이 약을 주셨고 나는 지금 보게 되었습니다." 내가 그녀에게 약을 준 후 기도해 준 것은 분명히 알지만 '가만, 내가 어떤 기적적인 약을 주었는지 알아야 하지 않나' 하는 생각이 들었다.

그래서 나는 말했다. "내가 당신에게 준 약이 어떻게 생겼습니까?" 그 여자는 즉시 돌아서서 주위에 있는 사람들에게 물어보았다. "저 분이 내게 주신 약을 기억하지? 어떻게 생겼지?"

나는 생각했다. "아, 저 여자는 정말 시각장애인이었구나."(나는 그 순간 천국에서 선교사들의 실수한 장면이 대형 비디오스크린에서 영원히 재연되는 장면을 상상했다. 이 장면이 켜지고 예수님이 씁쓸하게 말씀을 하신다. "내가 좋아하는 부분은 그렉이 서아프리카에서 이 시각장애인 여인에게 "그 약이 어떻게 생겼습니까?" 물어본 장면이다.")

내가 정말 구충제와 비타민만으로 시각장애를 고칠 수 있다고 생각했을까? 그것이 하나님을 얼마나 실망하시게 했을까? 나는 왜 두 시각장애인들이 말할 때까지 그것을 깨닫지 못했을까? 그것은 하나님께서는 내가 그들과 함께 끈질긴 기도를 드릴 때 역사하시려고 그때까지 기다리고 계셨기 때문이다.

당신과 당신의 교회 또는 사역에 비슷한 상황이 있을 수 있다. 예를 들어, 당신이 복음으로 도시를 전도할 거대한 계획을 세웠을지라도 그것을 위하여 끈질기게 기도하지 않는다면, 하나님이 보이실 수 있는 단 하나의 긍휼은 당신의 계획을 파괴하고, 실패하게 하여, 교만하지 않게 하는 것이다. 조직적인 사역의 성공을 뛰어난 지도력이나 역동적인 예배 때문이라고 돌리는 것은 당신의 믿음을 비타민이나 구충제에 두는 것과 같다.

긍휼하심으로, 하나님은 우리가 끈질기게 기도할 때까지 우리의 사역에 성공을 허락하지 않으실 수도 있다. 하나님은 모든 사람들이 하나로 연합하여 같은 기도 제목을 거듭해서 드릴 때까지 그의 능력을 보류하실 수 있다. 그렇게 함으로 그가 역사하실 때 우리는 그 영광을 다른 세상적인 사람이나 정책에 돌리지 않게 된다.

그 대신에 우리의 무릎을 꿇고 경건한 경외심으로 얼굴을 땅에 대고, 우리의 연약함을 아시고 우리의 부르짖음을 들으셔서 능력으로 역사하시는, 우주의 창조주에게 영광을 돌리게 될 것이다. 이것이 하나님이 원하시는 사역을 이루시는 방법이다. 하나님은 우리의 믿음이 어떤 프로그램이나 인물이 아닌 하나님 위에 세워지기를 원하신다. 그럴 때 하나님은 더욱 풍성하게 그의 능력을 우리의 삶 속에 나타내실 수 있다.

내가 생각하기에 예수님은 과부의 비유를 성경에서 슬픔과 비탄으로 끝을 맺으신다. "인자가 올 때에 세상에서 믿음을 보겠느냐?(누가복음 18:8)". 그의 목소리에 담긴 슬픔은 완전한 원어로 표현될 때 더욱 괴로워진다. "내가 세상에 다시올 때 지상에서 믿음을 찾지 못할 것이다. 그렇지 않습니까?" 우리의 굳어진 마음 때문에 실망하시는 하나님의 가슴

아픈 신음을 들을 수 있다. 또한 다음과 같이 의역할 것이다. "이렇게 영적으로 연약한 인간들이 나를 믿어주리라고 기대하는 것은 너무 무리인 것 같다."

나는 온 마음을 다하여 나의 믿음으로 예수님을 놀라게 하기를 갈망한다. 예수님이 오실 때에 당신과 나에게서 믿음을 보시기를 바란다. 그러나 때때로 나의 믿음이 파산한 것처럼 보이는 것을 인정할 수밖에 없다. 믿음이 없다는 것을 고백하는 것보다 믿음을 유지하는 것이 더 어렵다.

인내하는 기도는 내 병든 마음에 믿음을 굳건하게 하는 가장 좋은 방법임을 발견했다. 제가 여러분께 제안을 드립니다. 1분간 읽기를 멈추고 저와 함께 무릎을 꿇고 앉아서 기도합시다. "예수님, 당신은 이 땅에서, 또한 우리에게서 믿음을 발견하실 것입니다." 하나님께서 친히 확실한 기도의 응답으로 믿음을 주실 것이다.

나쁜 소식은 하나님께서는 엄청난 양의 기도 없이는 권능으로 역사하지 않으신다는 것이요, 좋은 소식은 끈질김은 반드시 보상을 받는다는 것이다. 반복해서 거듭 기도드리는 것은 전혀 어려운 것이 아니다. 우리는 모두 할 수 있다! 예수님께서 우리가 반복해서 기도 할 때에 응답하시겠다고 약속하셨다.

4과 _ 부끄러움 없는 뻔뻔함

 토론을 위한 질문

1. 그 사람이 그치지 않고 계속 조를 것 같은 이유로 누군가에게 무엇을 준 적이 있는지 이야기해 보세요.

2. 그 경험이 어떤 면에서 하나님이 우리의 기도에 응답하심과 같을까요? 하나님은 그 기도에 대한 응답에서 얼마나 더 높고 순수하실까요?

3. 하나님께서 당신의 기도에 응답하지 않는 것에 대해 당신이 화가 났던 적이 있다면 이야기 해 보세요. 그것이 당신의 믿음에 어떤 영향을 주었습니까?

4. 당신의 기도가 응답되어 부분적이거나 전체의 명예를 당신이 취한 경험에 대해 이야기해 보세요. 그것이 당신의 믿음에 어떤 영향을 주었습니까?

5. 당신이 무언가를 위해 오랫동안 기도하다가 마침내 그것이 응답 받게 된 때를 생각해 보세요. 그것이 당신의 믿음에 어떤 영향을 주었습니까?

6. 왜 하나님이 우리가 어떤 것을 반복해서 기도하기를 기대하신다고 생각하십니까?

7. 당신은 이번 주에 무엇을 위해 끈질긴 기도를 시작하시겠습니까? 교회나 사역을 위한 기도 목록을 만들어 그러한 기도를 끈기 있게 할 수 있도록 해 보세요.

제5과 교향곡
하나님은 하나로 연합된 기도에 응답하신다

하나님께서 우리 선교기관을 이끌도록 나를 부르셨을 때 우리는 서아프리카 숲속에서 달라스의 교외로 이사를 왔다. 이것이야말로 대단한 적응이 필요했다. 서아프리카에서는 소총을 어깨에 메고 고깃감을 찾아 근처의 동물들을 찾아 다니곤 했었다. 지금의 나의 이웃들은 그것을 좋아하지 않는다. 서아프리카의 우리 정원엔 8피트(244cm) 높이의 코끼리 풀이 있었다. 그래서 지금 4인치(10.16cm) 높이까지 자란 버뮤다 잔디를 보고 비상사태라 하지 않더라도 이해해 주기 바란다. 서아프리카에서의 정원 가꾸기는 날카로운 칼(마체테)을 사용하였다고 이곳에서 완벽하게 정원 가장자리를 다듬을 줄 안다고 기대하지 말기 바란다.

우리 자녀들도 역시 적응하느라고 어려움이 많았다. 우리가 이사할 당시 한나가 열 한 살이었고 아비가일은 아홉 살, 폴은 일곱 살이었다. 어떤 사람이 딸들 중 하나에게 물었다. "너희들이 아프리카에 있을 때 이국적인 음식을 먹어본 적이 있니?"

딸은 잠시 생각을 하다가 말했다. "혹멧돼지라면 이국적일까요?" 우리는 딸에게 알려주어야 했다. 그렇다. 앞으로의 일을 위하여 개코원숭이, 케바 원숭이, 케이프 물소, 다이커 영양, 꿀벌 유충, 흰 개미, 비단뱀 알은 어떤 사람들에게는 이국적인 음식이라고 분류된다고 알려야 했다.

어느 날 딸이 학교 달력을 보다가 놀란 표정으로 나를 쳐다보았다. "아빠," 딸은 숨을 헐떡이며 말했다. "영혼의 날이 뭐야?" 나는 딸이 무슨 생각을 하고 있는지 알았기 때문에 도와주려고 노력했다. "어어, 얘야, 그날은 그들이 조상들에게 염소를 제사로 드리는 날이란다."

딸은 진지하게 관심을 가지고 물었다. "아빠, 그것을 학교 달력에 넣지 말아야지요."

다른 딸이 유치원에 다닐 때에 선생님과 "쉬는 방" 영어로 restroom(화장실)을 쉬는 방으로 알아 화장실에 가는 것을 주저하였다. 왜냐하면 딸은 쉬고싶지 않고 졸립지도 않았기 때문이다. 한 아이는 집에 돌아와서 "쇼핑몰이 뭐야? 그것이 왜 그렇게 중요해?" 하고 물었다.

아이들이 처음으로 우리가 편지를 부치는 것을 본 날을 기억한다. 딸이 말했다. "와! 난 그냥 편지를 부치는 척하는 줄 알았지." 딸은 실제로 우체국이 있어 우체부가 매일 우리집에 와서 편지를 수집해서 전 세계에 배달한다는 것을 알지 못했었다.

한 문화에서 다른 문화로 이동한다는 것은 어렵다. 당신은 결코 이러한 모든 것을 이해하지 못할 것이다. 우리는 오랫동안 아프리카의 숲속에서 살았지만 완전히 적응 수 없었다. 내가 자녀들을 달라스의 포트워스 동물원에 데리고 갔을 때 그곳에 전시된 멧돼지가 나를 몹시 시장하게 만들었다! 주위의 사람들이 겁에 질릴 정도로, 자녀들이 동물원 전시관을 지나며 우리가 먹었던 모든 종류들을 지적해 냈다. "와, 저것 봐, 아빠. 천산갑(몸을 공처럼 마는 동물), 꼭 그 때처럼…"

다시 본국에 돌아오는 것은 모든 식구들에게 적응에 어려움을 갖게 했다. 세밀하고 중요한 영역은 내가 사역을 이끌어 갈 방법을 알아내야 할 때 찾아왔다. 팀을 이끌 때에 목표를 설정해야 한다는 과제였다. 우리 팀은 6년 동안 팀원 수를 두 배로 늘린다는 목표를 세웠다. "신사 숙녀 여러분, 우리는 앞으로 6년 동안에 규모를 두 배로 늘리는 야심찬 목표를 가지고 있습니다." 내가 이렇게 선교 이사회에서 공고한 날은 내가 듣기에도 미친 것 같았음을 안다. 나를 열렬히 지지하는 이사회는 나의 세부계획을 듣는 것을 기대하고 있었다. "에헴, 어, 우리가 목표를 달성하기 위해서는 기도를 엄청 많이 할 계획입니다."

나는 그것이 가장 기본적인 일이라고 확신했다. 그 말의 의미는 이전에도 사역을 위해 많이 기도하지 않았는가? 결국 우리는 기도가 필요한 선교사들이다. 그러므로 내가 동원할 수 있었던 최선의 전략은 예수님이 응답하실 것을 약속하신 기도를 의도적으로 하는 것이었다. 기도에 대한 우리의 헌신이 시간이 지날수록 점차 늘어나고, 그런 기도가 예수님의 약속과 일치한다면, 우리는 하나님 나라에 온전히 초점을 맞추고 그의 능력을 힘입게 될 것이라고 생각했다. 주님의 눈이 온 땅을 살피시며 하나님 나라를 위해 강력하게 사용할 사람들을 찾는 모습을 상상했다. 주님이 멈춰 서서 우리에게 말씀하시기를 바랬다. "우와, 이 사람들을 좀 봐, 이 사람들은 날마다 나를 더 의지하고 있네." 우리는 달력에 기도 행사들과 함께 모여 금식하는 시간들을 추가하기 시작했다. 전 세계의 모든 선교사들과 함께 일주일 내내 24시간을 쉬지 않고 기도하는 일정표를 채우기 위해 노력했다. 또한 계속해서 하나님의 은총과 축복을 더 많이 받기를 원했다.

  물론, 우리의 기도와 일치하는 사역들을 했고, 정말 열심히 일했고, 하나님이 우리의 기도에 응답하시기 위해 어떻게 우리 주변에서 역사하시는 가에 대해 민감하게 깨어 있기 위해서 노력했다. 그럴지라도 일반적으로 지도자는 단순히 "이봐, 우리 규모를 두 배로 늘리자"고 말하고 그것을 해결하도록 할 수는 없다. 그들에게는 그보다 더 많은 해결책이 필요하다. 훌륭한 지도자는 계획이 제대로 작동하려면 자원을 투자 해야 한다는 것도 알고 있다.

  자원에 관해서는 나의 경험 중에서 기도가 그 어떤 것보다 제 일 순위였다. 나는 점차 사역을 전환해야 하며, 매년 더 높은 비율로 성장해야 한다고 계산했다. 우리가 순조롭게 진행하고 있는지를 판단하도록 목표 직원 수를 나열했다. 기하급수적인 성장 곡선을 시작할 계획이라면, 6년 중 처음 3년은 쉬운 기간이다. 마지막 3년은 기적이 실제로 나타나는 기간이다.

  4년이 되던 2010년에 우리는 과속 방지턱에 부딪혔다. 그 해에 우리는 성장을 가속화해야 했지만 5월 말까지 겨우 10명의 신입 직원들과 12명 정도의 가능성이 있는 후보자들이 있었을 뿐이었다. 이 사실을 직면하게 되자 우리는 실망하기 시작했다. 45명의 팀원을 이 해의 목표로 정했지만 달성할 가능성이 없어 보였다. 우리는 그 해에 필요한 신입 직원의 절반을 확보하는 정도로만 진행되고 있음을 깨닫게 되었다.

{깨달음 5.1}

이것들은 단순한 숫자가 아니었다. 이 수치적인 목표들은 성경이 없는 모든 문화권에 하나님의 말씀이 변화시키는 능력을 가져오도록, 성경이 없는 종족들을 위해 성경을 번역하는 데 필요한 새로운 선교사의 숫자였다. 우리는 예수님이 우리가 하고 있는 이 일에 관심을 가지고 계신다는 것을 알고 있었다. 하지만 우리가 기도해 왔던 새로운 선교사들은 도대체 어디에 있단 말인가?

공급원의 효과에 대해 말한다면 기도가 내가 본 어떤 것들보다 우수하다

때때로 그리스도인들이 마치 믿음의 도전을 받을 때 하는 것처럼 하나님이 응답하시지 않으신 모든 이유들을 합리화하기 시작했다. 우리 팀이 단지 그런 성장을 감당할 수 없었기 때문일 수도 있다. 최근 얼마동안은 상황이 꽤 열광적이었다. 그러다 하나님께서는 그의 긍휼하심으로 우리의 증가를 잠잠케 하셨다.

아마도 이 시간이야 말로 우리가 얻은 것을 굳건히 하고 최종적으로 조직화하며 직무 내용 설명서들을 써야할 때인지도 몰랐다. 그 목표를 이루는것이 조금 비현실적이라며 포기하는 것이 합리적이라고 들리기 시작했다. 얼마나 많은 미국인들이 평안한 집을 떠나서 지구상에서 가장 정치적으로 불안정한 말라리아 지역으로 가기를 진심으로 원했겠는가? 당연히 그것이 잘 이루어지지 않은 것이다!

하지만 그 목표를 완전히 포기하기 전 5월 26일과 27일에 금식을 선포했다. 우리는 하나님께 합당한 선교사들을 보내주시라고 다시 한 번 기도했다. 단 이틀 간의 금식이었지만 그 당시에 나는 모르는 그 어떠한 것으로 상황을 보시는 하나님이 방향을 바꾼 것이 틀림없다. 하지만 우리에겐 전과 조금도 달라진 것이 없다고 느껴졌다. 금식을 끝내고 하늘에서 천둥 같은 목소리도 듣지 못한 채 중국 뷔페 집에 갔다. 그러나 우리가 평소처럼 업무를 계속하는 동안 하늘 어딘가에서 하나님의 은혜의 문이 열렸다.

혹시 여름 수련회에서 저녁 식사종이 울릴 때에 우르르 몰려가 본 적이 있는가? 마치 배고픈 수련회 참석자들이 식당으로 오는 것처럼 새로운 선교사들이 우리 선교부에 떼로 몰려왔다. 그 해 말에 우리는 45명의 신입 직원이라는 목표를 달성했다. 그 일에 대해서 자연스럽고 합리적으로 설명할 길은 없다. 한 달에 몇 명의 사람들이 왔었다. 그 다음엔 무리가 몰려왔다. 직무 내용 설명서를 쓰는 일과 조직적인 일은 잊어버리자. 우리는 성장을 위하여 멈추게 하는 모든 일들을 배제했다! 내가 만일 그 순간을 목격했을 때 무신론자 였다면 그것은 내가 신앙을 가지기에 충분한 사건일 것이다. 사실상, 나는 다시 한 번 하나님이 하나로 연합한 기도에 응답하신다는 것을 믿게 되었다.

나는 놀라지 않았어야 했다. 결국, 예수님께서는 자기 백성의 하나되고 공동적인 성격에 관한 일련의 비유에서 하나님이 연합된 기도에 응답하신다고 가르치신다.

복음서에서 마태는 어린아이처럼 겸손해지는 것, 잃어버린 양들을 찾는 것, 교회 권징을 통해 관계를 회복하는 것과 동시에 다른 사람을 용서하지 않을 때의 위험성에 대한 여러 이야기들을 기록하고 있다. 예수님은 그를 따르는 이들에게 잃어버린 사람들을 소중히 여기고, 온유한 모습으로 공격적인 신자들을 끈질기게 회복하는 겸손과 용서의 공동체를 통해 기도에 대한 무한한 응답을 다시 한 번 약속하신다.

"진실로 다시 너희에게 이르노니 너희 중에 두 사람이 땅에서 합심하여 무엇이든지 구하면 하늘에 계신 내 아버지께서 저희를 위하여 이루게 하시리라. 두 세 사람이 내 이름으로 모인 곳에는 나도 그들 중에 있느니라(마태복음 18:19-20)."

예수님은 우리에게 함께 기도하라고 말씀하시면서, 교회의 하나됨을 강하게 강조하시고 기도할 때에 능력 주심을 약속하셨다. 기도와 관련해 하나님께서 연합의 중요성을 강조하기 위하여, 예수님은 믿음 공동체의 죄로 인한 갈등을 해결하기 위해 직접적인 지침으로 원리를 가르치신다. 예수님은 먼 장래를 바라보시고 완전히 조화된 목소리를 높이는 평화로운 공동체인 제자들의 교회를 상상해 보신다. 우리는 그 구절의 "동의하다"라고 번역된 단어에서 "교향곡"이라는 영어 단어를 보게된다. 탕자의 비유에서와 같은 기본적인 단어가 아버지기 돌아온 아들을 위하여 베푼 잔치의 음악을 말하는 단어로 사용된다.[1]

예수님께서는 아름다운 목소리의 협주곡을 예술적으로 연합하여 조화된 간구를 함께 올리라고 우리에게 도전하신다. 하나님이 연합된 기도를 들으실 때에 그분의 마음은 마치 음악을 좋아하는 분이 환희에 찬 멜로디를 들을 때처럼 기쁨이 솟구치신다.

{깨달음 5.2}

그러나 그것은 목적이 있는 음악이다! 이 구절에서 "무엇이든지" 라는 말을 전달하기 위한 단어는 헬라어로 행위나 임무의 뜻을 가진 "프레그

마토스 pragmatos"로, 영어 단어에는 "실용적인"의 어원이다.[2] 따라서 이 구절의 요점은 실제적이고 실용적인 행위나 임무라고 볼 수 있다.

예수님이 연합된 기도를 들을 때, 그의 가슴은 음악 애호가가 환희에 찬 음악을 듣는 것처럼 벅차 오른다

그 점을 염두에 두고 그 구절을 다음과 같이 표현해 본다. "너희 중 두 사람이 이 땅에서 무슨 일이든지 구하기 위하여 연합된 기도를 하면 천국에 계신 아버지께서 너를 위해서 기도가 이루어지게 하시리라." 예수님이 여기에서 단지 우리 자신의 꿈을 이루어지게 하신다는 데 대한 약속을 하시지는 않았다. "내 이름으로"라고 함으로써(20절) 예수님은 다시 한 번 그 모임이 그의 목적을 위한 것임을 분명하게 하셨다. 우리가 연합된 공동체에서 잃은 양들을 찾는 일에 뜻을 모아 함께 기도할 때에 예수님께서 권능으로 우리 가운데 나타나셔서 역사하신다.

예수님은 또한 원한을 갖고 드리는 기도는 큰 장애물을 세우는 것이라고 설명하신다. 예수님은 우리가 다른 사람과 불화한 관계에서는 기도의 제단에 나아가면 안된다고 가르치신다. 마가복음 11장에서 예수님이 하나님께서 믿음과 신실함으로 드리는 기도를 들으신다고 가르치실 때 한 가지 조건을 가져야 한다고 말씀하신다.

"서서 기도할 때에 아무에게나 혐의가 있거든 용서하라. 그리하여야 하늘에 계신 너희 아버지께서도 너희 허물을 사하여 주시리라 하시니라 (마가복음 11: 25)."

{깨달음 5.3}

이것은 기도에서 어떤 능력이 부족한 것을 설명하는 것일까? 우리가 누군가를 향하여 원한에 집착하고 있지는 않는가? 예수님

쓴 뿌리가 연합된 기도에 장벽을 쌓아 올린다

께서는 망가진 관계가 우리의 기도가 하나님께 들려지는 것을 방해한다고 강조하신다. 연합된 기도가 노래처럼 그분의 즐거움을 이끈다면 원한을 품는 것은 불쾌함을 의미한다. 서로의 원한으로 가득 찬 방에서 드리는 기도는 하나님께 역겨운 불협화음처럼 들린다. 다음에 당신이 그리스도 안에서의 형제 자매들과 함께 모였을 때에 그 방을 살펴 보라. 그 안에 아직 낫지 않은 오랜 불협화음의 상처들이 있는가? 우리가 기도할 때에 하나님이 불협화음을 제거하신다고 기대하지는 말라. 하나님은 우리가 서로를 용서하고 기도에 동의하기를 원하신다. 하나님은 진정으로 연합된 무리의 기도에 응답하심으로 축복하시려고 찾고 계신다.

파푸아뉴기니에 있는 우리 팀은 훈련과 번역 작업을 위해서 함께 모여야 할 때 국제적으로 동료들을 초청할 수 있는 시설을 지을 것을 바래왔다. 그래서 우리 선교사 단체는 믿음의 도약을 할지 말지 방향을 찾기 위해 기도하기 시작했다. 그러한 사업에는 전례 없는 자금이 필요했다. 사실상, 우리 분야에서는 이와 같은 일을 위해 자금을 모은 적이 없었다.

먼저, 선교사들은 "듣는 기도" 라는 개념을 사용하여 개인적으로 이 사업을 위해서 기도하기 시작했다. 단순히 그 사업을 위해, 그리고 하나님이 이 사업이 진행되기를 원하시는 지에 대한 인도하심을 듣고자 기도하는 일로 시간을 보냈다. 또한 그룹으로 함께 기도하기도 했다. 오래지 않

아 기도 중에 하나님의 말씀을 들을 때에 많은 사람들이 같은 말씀을 들었다는 것을 알게 되었다. 그들 중 어떤 사람들은 자신들이 그것을 그것을 지원할 재정이 없지만, 믿음으로 하나가 되어 이 건축을 시작해야 한다고 기도 가운데 결론지었다. 그들은 심지어 건설업자와 계약서에 서명까지 했다.

비록 이 시설을 대규모의 자금 모금 캠페인 중 최우선 과제로 삼았지만 팀이 첫 번째 지불금을 즉시 지불해야 한다는 의무를 가진 계약서에 서명했다는 말을 들었을 때에 나는 침을 꿀꺽 삼켰다. 나는 아직까지 이 사업을 위해서 얼마 정도의 재정이 모였는지 알지 못했다. 약간의 두려움을 가지고 재무부서에 연락해 "우리가 서태평양 지역의 건축 프로젝트를 시작하려면 77,000달러가 필요합니다. 지금 계좌에 얼마나 있습니까?"라고 말했다. 나는 64,000달러가 이미 그것을 위해 책정되어 있다는 말을 듣자 하마터면 놀라 넘어질 뻔했다.

이젠 나도 하나님이 언제 기도에 응답하실 지를 말할 수 있었다. 그래서 지도자 팀에게 주말 동안 첫 번째 분납금에 필요한 나머지 금액을 위해 기도해 줄 것을 부탁했다. 일반적으로는 필요를 위해 이미 책정된 것 외에는 어떤 것도 주말 동안에는 입금되지 않는다. 그 당시 97%의 기부금은 이미 다른 특별한 사역이나 선교 사역을 위해서 책정되어 있었다. 나는 거액의 지정되지 않은 기부금이 우편으로 도착할 가능성을 의심할 이유가 없었다. 나는 이 선교사들의 믿음에 감동되었고 하나님이 이미 공급하셨다는 느낌을 가지고 있었다.

월요일 아침, 일상적인 기도 모임에서 하나님이 이 사역을 위해 공급해 주실 것을 함께 기도했다. 나는 기도 중에 잠시 걸어 나갔다가 내 우편함에 있는 작은 봉투를 발견했다. 그 안에는 새 후원자가 보낸 친필로 쓴 편지가 18,000달러의 수표와 함께 들어 있었다! 하나님께서 우리의 기도 모임 내내 복도 바로 아래에서 소리내서 웃고 계셨을까 궁금했다.

우리 팀 모두가 경외심으로 가득 찼다. 그 나머지 기금은 많은 기도와 노력을 통해서 시간에 맞게 들어 왔다. 이제 그 건물은 하나님 나라를 위해 많은 결실을 맺고 있다. 이 경험은 우리가 연합하여 기도할 때 하나님의 능력이 역사하심을 더 잘 이해하도록 가르쳐 주었다.

예수님이 응답하심을 약속하신 기도를 할 때에는 우리 자신을 위한 기도를 드리는 것 이상의 것이 필요하다.

우리가 서로 연합할 때 하나님은 능력으로 역사하신다. 내부 분쟁은 능력을 방해하지만 우리가 연합하여 기도할 때마다 하나님의 기적은 배가 된다. 하나님은 하나로 연합된 기도에 응답하신다!

 토론을 위한 질문

1. 당신이 다른 사람을 용서하기를 거절했던 때에 대해 이야기 해 보세요.

2. 그 원한이 당신의 기도 생활에 어떤 영향을 주었습니까?

3. 당신에게 잘못을 행한 이들을 용서하지 않는다면, 당신의 기도 생활에 어떤 결과가 있을 것 같습니까?

4. 왜 예수님이 교회가 기도할 때에 "연합하기를" 원하신다고 생각하십니까?

5. 당신의 교회나 사역에서 어떻게 연합된 기도를 실천하겠습니까?

6. 당신의 사역이나 교회에서 하나님이 완전한 화합으로 교회의 구성원들이 서로를 용서할 수 있도록 어떻게 기도 시간을 사용할 수 있을까요?

7. 당신의 사역이나 교회에 연합된 기도의 기회를 더 많이 제공할 수 있는 가장 좋은 방법은 무엇이라고 생각하십니까?

제6과 봅슬레이부터 로켓까지

하나님은 믿음을 세우는 구체적인 기도에 응답하신다

나는 불안할 때에 기도하는 경향이 있다. 지난 2008년 중반 "대공황" 당시 전기 버너 위에서 춤추는 물방울처럼 재정적인 위기를 느끼기 시작했다. 그러던 중 우리 사역의 7월 재정 보고서가 이메일로 도착했다. 경제 동향을 도표로 응시하면서 내 눈은 커졌다. 그 해를 시작하면서 순 수익은 매달 0이었고, 경제적으로 불안한 상태였다. 소득을 늘리지 않고 규모를 두 배로 늘리는 것은 궁극적으로 재정적 붕괴를 초래할 것이다. 설상가상으로 지난 4개월 간은 완전히 좌절할 만한 궤도를 향하고 있다는 것을 인식하지 않을 수 없었다. 우리는 파산을 향한 봅슬레이를 타고 있었다.

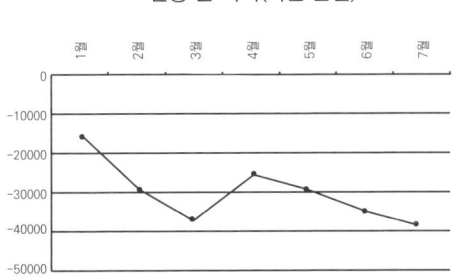

년중 순 이익(혹은 손실)

그러나 하나님은 이미 나에게 적용할 완벽한 전략을 가르쳐 주셨다. 나는 1월부터 7월까지의 그래프를 한번 보고 전 세계에 있는 팀원들에게 반 페이지의 편지를 썼다. 지난 몇 달 동안 보아온 믿을 수 없는 기도 응답을 서술하면서 그들이 기도하도록 영감을 주려고 노력했다. 그것은 우리가 연합하여 정기적으로 오랫동안 기도했을 때 나타난 기적 같은 응답들이었다. 그 격려의 소식을 보낸 후 나는 그들에게 평범한 요청문을 썼다.

제발 하나님이 우리의 재정 전반에 축복을 부어 주시기를 기도해 주세요. 우리의 기금이 현재 경제 상황에 큰 타격을 받았습니다. 하나님은 경제보다도 더 크십니다. 그리고 그의 일을 위하여 공급해 주실 것을 압니다. 또한 최대한 다른 비용은 절감하고 있습니다.

실제로 더 이상 비용을 절감할 만한 곳이 없다는 것을 알고 있었다. 나는 또한 연간 얼마의 돈이 들어올 지 예측할 수 없다는 것도 알고 있었다. 짧게 말해서 경제적으로 말하면 하나님의 역사하심이 없이는 우리는 곤경에 빠질 사람이었다.

전 세계에서 동료들은 조용히 무릎을 꿇고 하나님의 은혜의 보좌 앞에 다가갔다. 이 전략에는 조용함과 아름다운 단순함이 있다. 팀의 각 구성원은 보좌에 똑같이 나아갈 수 있다. 모든 사람이 하나님 앞에 경배할 수 있으며, 하나님만이 절대적으로 그 효과의 무게를 달아 보신다. 어떤 연기력이나 자랑이나 가식은 불가능하다. 하나님의 능력은 가만히 신실한 자들 사이에서 우리가 전혀 볼 수 없는 방법으로 역사하신다.

.

{깨달음 6-1}

내가 연말 보고서를 받았을 때 하나님이 우리의 기도들을 들으셨다는 것을 알았다. 내 눈엔 눈물이 샘솟듯 했다. 나는 경외감 속에서 하나님께서 우리 믿음을 깨우는 구체적인 기도에 완전하게 응답하심에 대해서 조용히 도표를 연구했다. 만약 재정 전문가가 이 도표를 분석해 본다면 그녀가 손가락을 7월달에 대고 물을 것이다. "이 달에 무엇을 했어요? 그 일이 무엇이었든 간에 당신은 그 일을 더 많이 해야겠군요." 내가 찾아 보았지만 눈에 보이는 이유를 찾아낼 수는 없었다. 그것이 어떻게 이루어진 것인지 설명할 수 있는 원인을 찾아서 그것을 또 사용하려고 했다. 나는 하나님

하나님의 능력은 믿음에 충만한 신자들의 모임가운데서 우리가 볼 수 없는 방법으로 조용히 역사하신다

이 어떻게 하셨는지 결코 이해할 수가 없었다. 단지 그가 공급하셨다는 것을 알고 있었다. 내가 한 것은 하나님께 기도한 것 뿐이었다.

회계 감사원에게 말하는 것은 조금 쑥스럽고 계면쩍은 일이다. 지난 7월달에 어떻게 그런일이 일어났느냐고 묻는 직원에게 "아니요, 왜 그런 일이 일어났는지에 대한 재정적 단서는 없습니다." 일반적으로 하나님은 미묘한 방법으로 역사하신다는 것을 안다. 그는 결국 보이지 않는 분이다. 어떤 사람들은 그를 신비하다고 할 것이다. 그러나 우리가 구체적인 기도를 드릴 때 우리는 믿음을 주는 강력하고 분명한 눈에 보이는 결과를 얻는다.

근본적인 전략을 적용하면서 우리는 주기적으로 기도의 응답을 도표로 표시할 수 있었다. 2009년에 같은 정책을 적용했고 수십 년 만에 최

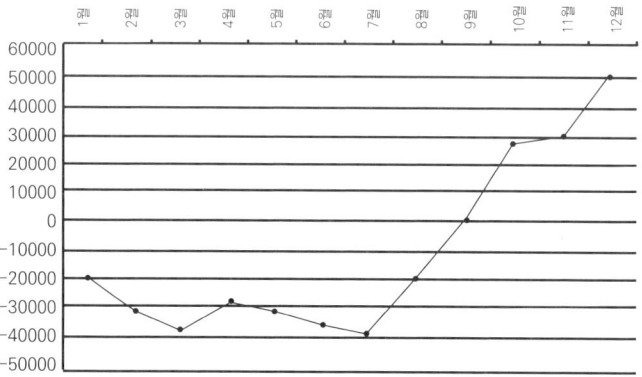

악의 경제 상황 속에서 전체적인 순 이익이 18% 증가하면서 한 해를 마무리했다. 하나님은 그분 자신의 경제를 갖고 계신다! 하나님이 능력을 주신다고 우리가 약속하신 기도를 드릴 때까지 인내로 기다리시는 동안, 거대한 제방 너머 어딘가에 하늘의 권능을 쌓아 두시는 것일까?

　예수님이 말씀하시기를 네가 믿음이 있다면 "이 산더러 들리어 바다에 던져지라 할 수 있으리라(마가복음 11:23)". 그것이야 말로 눈에 보이는 확실한 결과이다. 산이 뛰어 올라 대포알처럼 바다로 떨어질 때에 우리는 알게 된다. 예수님은 우리가 구체적으로 분명한 결과를 위해서 기도하기를 원하신다.

　일반적인 기도를 드리는 것은 우리의 믿음에 방해가 된다. 당신은 혹시 "하나님, 선교사들을 축복해 주세요!" 라고 간구하며 기도를 한 적이 있는가? 하나님은 그 기도에 천 번이나 응답하셨을 수 있지만 우리는 알지 못할 것이다. 그것은 명확하지 않다. 예수님이 권고하신 대로 "산에게 바다에 던지우라고 명령하는 대신에 우리는 산에게 축복을 주세요"라고 일반적인 기도를 드리고 싶은 충동이 생긴다. 하나님은 마치 때리기 좋은 공을 기다리는 야구 선수처럼 우리의 기도 시간에 서서 준비하고 기다리고 계신다. 하나님은 야구장을 넘어 갈만 한 특정한 공을 그에게 던지기를 열망하고 계신다. 그러나 우리는 공을 잡은 채로 던지지 않고 축복해 달라고 한다.

일반적인 기도를 드리는 것은 어떤 기도도 응답 받지 못했음을 증명할 수 없기 때문에 안전하게 느껴지겠지만, 그것은 몹시 지루한 기도 모임을 만든다. 만일 하나님께서 일반적으로 드리는 많은 기도들을 통해 하품을 하셨다고 해도 나는 놀라지 않을 것이다.

{깨달음 6.2}

이 원리는 사실 그리 놀라운 것이 아니다. 결국 특정한 대화의 결핍은 어떤 관계에서도 문제거리일 수 있다. 당신의 배우자와 다만 일반적인 것들만 이야기하고 그것이 배우자와의 관계가 잘 유지되는지 보라. "당신 생일에 뭘 해줄까?" "그냥 축복해 줘, 여보." "점심은 뭘 먹기를 원해?" "나는 축복해 주기를 진정으로 원해." 언제 아이들을 태워 올까? "오, 여보, 당신의 뜻대로 해요." 그런

일반적인 간구는 안전하게 느껴지지만 그것들은 무척 지루한 기도모임으로 만든다

이야기로는 머지 않아서 당신의 배우자를 화나게 할 것이다. 마찬가지로, 하나님은 일반적인 일 뿐 아니라 세부적인 일에 대해서도 우리와 진정으로 관계를 갖기를 원하신다.

95

우리가 하나님과 대화를 할 때는 찬양, 감사, 고백의 시간을 보내는 것이 중요하다. 그러나 중보의 순간에 우리의 기도를 강력하고 하나님의 마음을 이끄는 기도로 드리기 위해서는 구체적이어야 한다. 더 많은 사람들이 교회로 오게 해 달라고 기도하는 대신에 내년에 백명의 사람들이 교회로 오게 해 달라고 기도하라. 하나님이 당신의 교인들이 전도를 더욱 잘 하도록 기도하는 대신, 다섯 명이나 오십 명이나 아니면 오백 명의 사람들이 3년내로 전도 훈련 과정을 마치고 전도 운동에 헌신할 수 있도록 기도하라. 구체적으로 기도하면 하나님께서 적어도 기도에 응답하셨는지 안 하셨는지 알게 될 것이다.

모든 구체적인 기도에 숫자가 포함될 필요는 없다. 하나님께서 우리를 완전한 연합의 상태로 인도해 주시기를 우리의 사역에서 날마다 기도하자. 그 결과를 숫자적으로 측정할 수는 없지만 일반적으로 어떻게 진행되고 있는지 알 수 있다. 나는 15년 동안 서아프리카의 아직 예수님을 알지 못하는 주요 마을마다 우리가 교회를 시작할 수 있도록 도와달라고 기도 해 왔다. 시간이 지날수록 그 일이 이루어지고 있음을 볼 수 있었다. 그것은 구체적인 기도이기 때문에 하나님이 기도에 응답하시는 것을 볼 수 있었다. 그 결과로 나와 주님과의 관계는 더욱 깊어지고 나는 주님과 더욱 흥미 있는 대화를 나누게 되었다.

하나님의 나라를 확장하기 위한 구체적인 기도를 드릴 때는 하나님이 믿지 않는 자들의 마음을 변화시켜 달라고 기도하는 것보다는, 하나님이 믿는 자들에게 능력을 주셔서 그들의 사명을 이루도록 하는 관점에서 구체적으로 기도하는 것이 도움이 되는 것을 보아왔다.[1] 예를 들면 내가 믿지 않는 자들에게 역사하셔서 믿음을 갖게 해 달라고 기도할 때보다 믿는 자들을 추수할 밭으로 보내 달라고 기도할 때에 훨씬 더 많이 응답하셨음을 본다. 그것은 하나님이 믿지 않는 자들이 하나님을 반역하는 행위에 걸려들기를 원하시지 않기 때문일 수도 있다. 나는 하나님이 그를 믿는 사람들에게는 자유롭게 명령을 주시면서 불신자들에게는 선택의 여지를 남겨두셨다고 생각한다.

예수님도 이러한 기도 접근 방법을 모범으로 삼으셨다. 예수님이 말씀을 전하시며 병을 고치실 때 괴롭힘을 당하며 무기력한 주변의 무리들을 보시고 제자들에게 일꾼들을 위해 기도하라고 권고하셨다. "그러므로 추수하는 주인에게 청하여 추수할 일꾼들을 보내주소서 하라 하시니라(마태복음 9:38)". 예수님은 "하나님, 이들이 나를 따르게 하시옵소서." 라고 기도하지 않았다.

마찬가지로 바울은 종종 믿는 자들에게 분명하게 말씀을 전하고 전도할 기회를 포착하는 능력을 갖도록 기도하라고 부탁하였다.

> "쉬지말고 기도하며 감사함으로 깨어 있으라 또한 우리를 위하여 기도하되 하나님이 전도할 문을 우리에게 열어 주사 그리스도의 비밀을 말하게 하시기를 구하라 내가 이 일 때문에 매임을 당하였노라 그리하면 내가 마땅히 할 말로써 이 비밀을 나타내리라(골로새서 4:2-4)".

다른 곳에서는 바울이 사람들에게 말씀이 전파될 수 있도록 기도를 요청했다:

> "끝으로 형제들아 너희는 우리를 위하여 기도하기를 주의 말씀이 너희 가운데서와 같이 퍼져 나가 영광스럽게 되고 또한 우리를 부당하고 악한 사람들에게서 건지시옵소서 하라 믿음은 모든 사람의 것

이 아니니라(데살로니가후서 3:1-2)".

바울은 우리가 예상할 수 있는 것처럼 사람들이 그리스도께 나아오게 해달라고 기도하지 않았음에 주의하라. 오히려 믿음 없음에서 구원하시고 복음을 전파할 수 있는 힘을 주시기를 간구했다. 바울은 안 믿는 자들이 오게 하는 것보다 믿는 자들을 감동하여 믿음을 전파하기를 기도했다.

사도행전에서 성도들이 핍박을 받아 고통을 당할 때, 사람들이 그들의 말씀을 믿게 해 달라고 기도하지 않았다. 오히려 그들은 "주여 이제도 그들의 위협함을 굽어보시옵고 또 종들로 하여금 담대히 하나님의 말씀을 전하게 하여 주시오며 손을 내밀어 병을 낫게 하시옵고 표적과 기사가 거룩한 종 예수의 이름으로 이루어지게 하옵소서 하더라(사도행전 4:29-30)".라고 말했다. 그들은 그들의 간증에 담대하고 큰 권능이 함께 하여 사명을 완수하고 사람들이 믿음의 자리에 나오기를 기도했다. 확실히 이런 성경적 패턴에는 예외가 있지만[2] 성경의 주된 예문은 우리로 하여금 믿지 않는 자들을 위한 기도에 응답하기보다 믿는 자들의 믿음과 능력의 성장을 위해 기도하도록 이끈다.

이 모델을 사용한다면 믿지 않는 자들을 도울 수 있는 가장 능력 있는 기도는 하나님이 믿는 자들을 믿지 않는 자들의 삶에 불러들여 하나님에 대해 능력 있게 증거할 수 있도록 기도하는 것임을 발견했다. 하나님께 믿음을 갖게 해 달라고 간구했을 때 어떤 사람들은 다른 경험을 할 수도 있지만, 내가 수 년 동안을 그렇게 해 달라고 간청했을지라도 주를 반역하는 마음들을 제거하고 믿지 않는 자들에게 믿음을 강요하지는 않으신다는 것을 발견했다. 그러나 그를 믿는 자에게 능력을 주셔서 믿지 않는

자의 불신앙을 깨뜨릴 능력 있는 간증을 하게 하실 것이다. 만약 당신이 사랑하는 사람이 예수님을 믿게 해달라고 꾸준히 기도해 왔고, 그런 기도를 하는 사람과 함께 있다면 결코 포기하지 말라고 할 것이다. 하나님께서 많은 믿는 자들을 부르시고 함께 예수님에 대해 증거함으로 그들에게 나타나 보여주시라고 기도하면 된다.

예수님의 기록된 마지막 기도에서 말씀하신 것을 주목하자. "내가 그들을 위하여 비옵나니 내가 비옵는 것은 세상을 위함이 아니요 내게 주신 자들을 위함이니이다. 그들은 아버지의 것이로소이다(요한복음 17:9절)".

구체적인 기도를 드릴 때에 우리는 하나님께 그를 따르는 자들이 그리스도의 사명을 완수할 수 있도록 능력을 간구하는 기도에 초점을 맞추어야 한다.

하나님의 능력이 그의 백성들 가운데 분명하게 나타나도록 기도할 때에도, 구체적이어야 한다. 그럼에도 왜 우리는 그토록 구체적이지 않은 기도를 할까? 그것은 우리의 믿음이 너무 연약하여 하나님이 구체적인 기도를 응답해 주시지 않은 것을 알게 되면 믿음이 흔들릴 수도 있기 때문에, 광범위하고 분명하지 않은 기도를 드리는 것이 아닐까? 그것은 하나님에 대한 것이 아니라 우리의 믿음에 대해 더 많이 생각해야 됨을 말해 준다. 하나님은 우리의 믿음을 세워주시기를 원하시지만 전능하신 하나님께 명백한 간구로 기뻐하실 기회를 주지 않으면 그 일을 어렵게 만든다. 우리의 간구는 명백해야 한다.

{깨달음 6.3}

성경에 나오는 위대한 기도들은 구체적이었다. 이스라엘 백성들은 하나님이 기도를 그만두라고 할 때까지 애굽 사람들로부터 그들을 구해달라고 울부짖었다. 그리고 그들은 홍해를 마른 땅으로 건넜다(출애굽기 14:10,15). 여호수아가 전쟁이 끝날 때까지 태양이 하늘에 멈추어 서도록 기도했을 때 아무도 하나님이 기도에 응답하셨는지 묻는 자가 없었다. 태양은 즉시 머물러 섰다(여호수아 10:12-14). 솔로몬은 지혜를 위해서 기도했다(열왕기상 3:12). 그래서 하나님이 그를 그토록 지혜롭게 하셔서 "사람들이 솔로몬의 지혜를 들으러 왔으니 이는 그의 지혜의 소문을 들은 천하 모든 왕들이 보낸 자들이더라(열왕기상 4:34)". 엘리야가 "비가 오지 않기를 간절히 기도한 즉" 그 응답은 팔레스타인에 있는 모든 목마른 자들에게는 너무나 분명하였다. 왜냐하면 "삼년 육개월 동안 땅에 비가 오지 아니"하였기 때문이다(야고보서 5:17).

하나님은 우리의 믿음을 세우기를 원하시지만 우리가 하나님의 전능하심으로 눈부시게 할 기회를 주지않는다면 그것을 어렵게 만든다

하나님은 무한하신 능력을 가지고 계시기 때문에 당신이 무엇을 기도하는가와 어떻게 기도하는가가 중요하다. 그러면 당신의 기도와 일치하는 행동이 더 많은 열매를 맺게 될 것이다. 예수님이 나사로의 무덤 앞에 서서 기도한 후 "하나님이여 이 친구를 축복해 주시옵소서"하고 기도하셨다면 그 기도가 이루어지지 않을 수도 있음을 생각해 보라. 그 대신 하늘에 계신 아버지께 기도를 한 후 예수님은 "나사로야 나오라"고 말씀하셨다(요한복음 11:43). 1분 전에 나사로의 몸은 단단히 묶인 채 어두운 무덤에서 썩고 있었다. 예수님이 기도를 한 후에 나사로가 무덤에서 부활하여 뒤뚱뒤뚱 걸어나오자, 군관들은 그를 죽여 다시 무덤에 넣을 음모를 꾸미기까지 했다.

하나님이 더 많은 팀원들을 달라는 기도를 응답하기 시작하자 우리는 기존의 시설을 보완하기 위해서 새 본부 건물이 필요하다는 것을 즉각 깨달았다.

처음에는 하나님께 삼십 오만 달러 정도가 드는 다른 조립식 건물을 공급해 달라고 기도했다. 우리가 전에 한번도 단일 프로젝트에서 그만큼 많은 돈을 모아본 적이 없었을 뿐더러 아직 첫 번째 조립식 건물에도 빚이 있기 때문이었다. 우리는 걱정했다.

좋은 지도자가 되기 위해 나는 앞으로 작은 걸음을 걸어갈 계획을 세웠다. 그것은 인간적인 관점에서 본다면 모든 사람에게 완전히 이해가 되었다. 어떤 분이 이사회에서 말했다. "그것이야 말로 내가 듣던 중 가장 설득력 있는 계획입니다".

그말을 듣자 느낌이 좋았다. 나는 우리의 계획들을 이성으로 이해가 되는 범위 안에서 세워야 한다고 생각했다. 그러나 할 수 있는 이 계획마저 우리를 두렵게 만들었다. 우리는 서로에게 "도대체 어떻게 그런 많은 돈을 모을 수가 있겠어?"라며 계속 이야기하곤 했다.

우리 모든 팀은 기도하는 마음으로 건물 캠페인에 들어갔고, 인간적이고 합리적인 방법으로는 조립식 건물을 짖자는 것에 마음이 일치되지 않음을 알게 되었다. 우리는 그 계획을 실행하지 못했다. 매 과정마다 온갖 장애물과 방해물이 발생했다. 현재 조립식 건물 옆에 있는 땅을 임대하려고 물어보았을 때에 주인은 땅에 대한 임대료를 대폭 인상해야 한다는 새 계약을 제시했다. 우리는 늘어난 월 지출을 감당할 수가 없었다. 그 일은 나중에 하나님의 더 큰 계획이 있었음을 알게 되었다.

우리들은 더 큰 발전을 위하여 영구한 시설을 지을 땅을 구입해야 했다. 그 프로젝트가 시작될 때 진행 과정에서 중단될 가능성이 있는 몇몇 사항들을 열거했다. 정기적으로 도움을 구하는 기도를 할 때 내 무릎은 떨렸다.

우리는 결국 22에이커의 땅을 사고 개발하여 오천 평방 피트의 멋진 사무실 건물을 짓게 되었다. 3년 프로젝트 기간 동안 우리는 예수님의 이름이 나타내는 모든 것과 일치하는, 구체적이고 연합된 믿음의 기도를 꾸준히 계속하기 위해서 부단히 노력했다. 그 건축 사업은 결국 우리가 여태까지 상상했던 그 어떤 것보다 훨씬 더 많은 비용이 들었다. 나중에 알게 된 바로는 우리가 부동산을 개발하기 위해 알아야 할 지식들을 몰랐음을 깨닫게 되었다. 그 모든 행동의 과정이 쉽게 재앙으로 끝날 수도 있었다. 그러나 지금 바로 그 건물의 새로운 사무실에서 나는 이 장을 쓰고 있다.

예수님이 옳았다! 하나님은 진실로 우리가 예수님이 응답하시겠다고 약속하신 그런 종류의 기도를 드리기만 하면 무엇을 구하든지 응답하신다.

"우리 가운데서 역사하시는 능력대로 우리가 구하거나 생각하는 모든 것에 더 넘치도록 능히 하실 이에게 교회 안에서와 그리스도 예수 안에서 영광이 대대로 영원무궁하기를 원하노라 아멘(에베소서 3:20-21)".

예수님이 묘사하시는 특단의 기도란 하나님의 능력이 충분하심을 알고 산에 올라가서 바다를 향해 당당하게 손가락으로 가리키는 것과 같은 기도이다. 어떤 산이 당신의 가족이나 교회 앞을 막고 있는가? 당신의 사역이 진전하려면, 또는 사역지에 그리스도를 위해 영향을 주려면 어떤 산을 낮추어야 할까? 일반적인 것들만 중얼거리고 있지는 말라! 무릎을 꿇고 앉아서 하나님께 구체적인 것을 기도해 보라. 왜냐하면 하나님은 구체적인 기도에 응답하시기 때문이다. 하나의 장애물이 없어지는 것을 경험하면 당신의 믿음은 산을 불도저로 밀어버릴 만큼 강해질 것이다. 당신의 기도 응답으로 산이 바다로 굴러 떨어지면 당신은 산꼭대기를 무너지게 하는 기도를 주저하지 않을 것이다. 당신의 믿음을 세우는 경건한 구체적인 기도를 드리기만 하면 어떤 일도 불가능한 것이 없다.

 토론을 위한 질문

1. 당신이 드린 기도를 하나님께서 응답하신 때에 대해 이야기해 보세요. 그 기도들이 얼마나 구체적이었습니까?

2. 일반적인 기도와 달리 구체적인 기도를 하면 하나님께서 왜 다르게 반응하신다고 생각하시나요?

3. 무엇이 당신에게 구체적인 기도를 드리기를 종종 주저하게 만듭니까?

4. 당신의 교회나 사역에 있어서 지금 드려야 할 구체적인 기도는 무엇이라고 생각하십니까? 당신의 사역이 지역 사회를 달라지게 하려면 어떤 불가능한 일이 이루어지게 해야 할까요?

5. 당신은 불신자들이 복음에 반응하도록 초점을 맞추는 것보다 하나님이 믿는 자들에게 능력을 주시도록 하나님께 기도하는 성경적인 모범을 더욱 따르도록 기도 제목들을 어떻게 만들어 갈 수 있을까요?

6. 당신의 교회나 사역이 장애물을 극복하고 이웃이나 직장이나 세상에 큰 영향을 줄 수 있도록 구체적인 기도 제목들을 만들어 보세요.

제7과 버림받은 마음
하나님은 믿음에 찬 불평에 응답하신다

　기도에 대한 하나님의 무한한 약속들에 대해 이해했다고 생각할 즈음에 하나님은 내가 이해할 수 있는 영역 안에만 존재하지 않는다는 사실을 보여주는 일이 일어났다. 그는 결코 항상 안정되고 예측할 수 있는 분만은 아니다.

　파이오니아 성경번역 선교회가 전례 없는 기도 응답을 경험하고 있을 즈음에 내 친구 크리스는 자신의 삶에 닥쳐온 위기로 절망에 빠졌다. 크리스는 성경번역사로 동아프리카에 가 있었고 그는 만성 피로 증후군 때문에 몸이 쇠약해져 미국으로 돌아와야만 했다. 그의 성숙함과 겸손한 인격은 우리 모든 팀에게 영향을 끼쳤다. 그의 조용한 영성은 자석 같이 끄는 매력이 있었다. 그가 미국으로 돌아오자 그가 육신적으로는 지쳐 있었지만 아직 기도 사역을 이끌 수 있었기에 우리 팀의 기도 진행자가 되었다.

　크리스는 우리에게 강력하고 기적 같은 결과를 가져오는 기도를 드리도록 우리를 독려하는 동안, 하나님은 크리스의 육신이 연약하게 내버려

두시는 이러한 역설적인 상황 속에 우리를 빠지게 하셨다.

우리는 크리스와 그의 가족을 위해 금식하며 기도했다. 그에게 손을 얹고 마귀를 쫓아 내기도 하며 우리가 생각할 수 있는 기도의 모든 방법을 다 사용했다.

어느 날 크리스와 다른 동료가 내 사무실에 찾아 왔다. 우리의 마음은 지친 형제를 위한 열매 없는 기도로 진절머리가 났다. 우리는 더 이상 손을 모으고 정중하게 기도할 수만은 없었다. 우리는 하나님이 계속해서 기도에 응답하심을 보며 그의 위엄에 압도되어 오지 않았나? 우리의 제한된 견해로 우리는 선한 양심을 가지신 하나님이 자녀의 인생 중 힘들고 견디기 힘든 시기에 도와 주시기를 거절하실 수 있을까 궁금했다. 우리 세 사람은 무릎을 꿇고 앉아 오늘날의 문화에서는 빗자루로 쓸어버리듯이 무시되는, 그러나 오랫동안 전통적으로 부요함을 약속하신 성구들을 찾아 매달렸다. 또한 우리가 함께 기도할때에 성경에서 기억할 수 있는 모든 불평기도에 관한 기본적인 성경구절들을 인용했다.

당신은 하나님께 불평하고 싶다고 느껴본 적이 있는가? 그렇다면 당신은 예레미야의 강력한 항변에 동조할 수 있을 것이다.

하나님, 당신이 나를 속였나이다. 그리고 나는 그것에 빠졌나이다.
(예레미야 20:7(나의 다른 해석))
　　"여호와여 내가 주와 변론할 때에는 주께서 의로우시니이다
　　그러나 내가 주께 질문하옵나니 …(예레미야12:1)".

하나님은 어떻게 이런 예레미야로부터의 직접적인 항의를 용인하실

수 있을까? 그리고 욥의 고통스러운 질문들은 어떤가?

"그런즉 내가 내 입을 금하지 아니하고
내 영혼의 아픔 때문에 말하며
내 마음의 괴로움 때문에 불평하리이다 …
혹시 내가 말하기를 내 잠자리가 나를 위로하고
내 침상이 내 수심을 풀리라 할 때에
주께서 꿈으로 나를 놀라게 하시고
환상으로 나를 두렵게 하시나이다.
이러므로 내 마음이 뼈를 깎는 고통을 겪으니
차라리 숨이 막히는 것과 죽는 것을 택하리이다.
내가 생명을 싫어하고 영원히 살기를 원하지 아니하오니
나를 놓으소서 내 날은 헛 것이니이다.

사람을 감찰하시는 이여 내가 범죄하였던들
주께 무슨 해가 되오리이까?
어찌하여 나를 당신의 과녁으로 삼으셔서
내게 무거운 짐이 되게 하셨나이까?
주께서 어찌하여 내 허물을 사하여 주지 아니하시며
내 죄악을 제거하여 버리지 아니하시나이까?
내가 이제 흙에 누우리니
주께서 나를 애써 찾으실지라도 내가 남아 있지 아니하리이다.
(욥기 7:11, 13:16, 20-21)".

욥이 말했다. "하나님, 당신이 저를 고쳐주지 않으시려면 최소한 나를 그냥 내버려두십시요!" 그래도 되는 것일까? 그리고 하박국의 말로 하나님을 고소하는 것도 괜찮은 것일까?

"여호와여 내가 부르짖어도 주께서 듣지 아니하시니 어느 때까지리이까? 내가 강포로 말미암아 외쳐도 주께서 구원하지 아니하시나이다. 어찌하여 내게 죄악을 보게 하시며 패역을 눈으로 보게 하시나이까?(하박국 1:2-3)"

당신은 이런 말들이 성경에 있는 줄을 알고 있었는가? 그렇다면 우리가 실제로 이런 말들을 해도 된다고 간주해 본적이 있는가? 우리가 감히 하나님께 이같이 불평을 한다면 하나님이 진노하시지 않을까?

우리 팀과 나는 서아프리카에서 구약성경을 번역 할때에 예레미야와 욥기를 동시에 번역해 본 적이 있다. 어느 날 그 지역의 번역사가 잠시 일을 멈추고 우리를 긴장시키는 질문을 했다. "내게는 이 사람들의 불평들이 결국 하나님을 화나게 할 것 같이 보이는데요. 하나님께 불평해도 괜찮은 건가요?"

**하나님께 불평하는 것은 한가지 중요한 조건하에서만 허락된다
우리가 고통에도 불구하고
먼저 믿음으로 순종하며 주님을 따라야 한다**

그 대답이 순간적으로 내게 왔다. 나는 "하나님은 우리의 불평을 관용하실 수 있습니다." 라고 말했다. "하나님께 불평하는 것은 한 가지 중요한 조건에서 허락됩니다. 우리의 고통에도 불구하고 계속해서 충성스럽게 순종하고 그를 따라야 합니다." 그것 때문에 광야에서 이스라엘

백성의 불평과 불만이 하나님의 큰 분노를 일으켰다(예를 들면, 민수기 11:1-3). 그러나 예레미야와 욥의 불평은 그렇지 않았다. 고난 가운데서도 이 두 사람은 하나님을 충성스럽게 왕으로 섬기기를 멈추지 않았다. 그들의 불평은 믿음이 있음을 증명했다. 그들은 믿음이 충만한 불평을 드렸다. 반대로 이스라엘 백성의 불만은 불신앙을 증명했다.

{깨달음 7.1}

신약 성경에도 이와 동일한 원리의 예들이 포함되어 있다. 바울이 하나님께 그의 고통을 제거해 달라고 간청했다. "내 육체에 가시 곧 사탄의 사자를 주셨으니 이는 나를 쳐서 너무 자만하지 않게 하려 하심이라 이것이 내게서 떠나가게 하기 위하여 내가 세 번 주께 간구하였더니(고린도후서 12:7-8)". 그러나 바울은 형언할 수 없는 초자연적인 환상과 계시를 경험한 후 그의 고통을 하나님이 "나를 너무 자만치 않게 하시려는 (7절)" 방법으로 받아들이게 되었다.

심지어 예수님께서도 기도의 응답을 받지 못한 아픔을 경험하셨다. 돌아가시기 전날밤 예수님은 열정적으로 기도하셨다. "이르시되 아바 아버지여 아버지께는 모든 것이 가능하오니 이 잔을 내게서 옮기시옵소서(마가복음 14:36)". 예수님이 십자가 위에서 돌아가시며 외치실 때에 구약 성경의 위대한 예언적 불평들 중 하나를 인용하셨다(시편 22편에서 볼 수 있음) "나의 하나님, 나의 하나님, 어찌하여 나를 버리셨나이까?(마태복음 27:46)".

예수님은 예언을 이루실 믿음을 갖고 계셨지만 그럼에도 불구하고 관련된 고통의 실제를 부인하지 않았다. 그는 성경을 반영하심으로 믿음을 보여 주셨고 성경의 예언적인 시편을 이루며 사시는 용기도 가지셨다. 만약 예수님의 성경적이고 믿음이 충만한, 말씀을 의지한 불평의 말이 고통을 당하신 예수님에게 허용 되셨다면 우리에게도 허용될 것이다.

예수님과 바울은 고통 중에서 양지와 같이 밝은 그리스도인의 겉모습을 보여주지 않았다. 십자가에는 공허하고 거짓으로 꾸민 기쁨은 없다. 그리하여 그들은 불평과 믿음이 서로 상반되지 않다는 것을 증명했다.

**불평과 믿음은
항상 서로
배타적이지는 않는다**

{깨달음 7.2}

그러나 때때로 억지로 쾌활한 척 꾸미는 것은 미국에서 행해지는 기독교의 특징이 되어 있다. 간혹 우리가 고통을 받고 있다면 무언가 잘못된 일을 한 것이 틀림없다고 가정하게 된다. 실제로 성경적인 기독교는 이 세상의 서글픔이 우리를 압도할 때는 고통스러운 불평에 대해 울부짖는 통곡을 용인한다. 때로는 우리 주위에서 보는 고통에 대한 단 한 가지의 믿음직한 반응은 응답을 위해서 장엄하고 영광이 충만하신 이에게 돌아가서 – 이 타락한 창조물에 공의를 가져오실 단 한 분의 응답을 받기 위해서 울부짖는 것이다.

조만간 우리의 삶은 시편 기자의 질문을 되풀이 할 시점에 이르게 될 것이다. "여호와여 어느 때까지니이까?(시편 6:3)" 요한계시록에서 순교자들이 하던 질문이 우리의 영혼에 울려 퍼질 때가 올 것이다. "거룩하고 참되신 대주재여 땅에 거하는 자들을 심판하여 우리 피를 갚아 주지 아니하시기를 어느 때까지 하시려 하나이까?(요한계시록 6:10)" "아직 잠시 동안 쉬되 그들의 동무 종들과 형제들도 자기처럼 죽임을 당하여 그 수가 차기까지 하라 하시더라(요한계시록 6:11)". 기다리라시는 하나님의 응답은 우리 영혼의 갈망을 잠재우지 못한다. 참을성 있게 깨어 기도하는 마음으로 주님을 기다리려면 큰 신앙이 필요하다.

성경은 하나님이 우리의 불평에 응답하시는 방법들을 설명하고 있다. 욥이 자신의 잘못으로 인한 것이 아닌 온갖 고통을 겪을 때 하나님께 이의를 제기하는 것이 정당하다고 느낀 나머지 경건한 친구들을 분노하게 만들었다. 마지막으로 그 친구들의 공허한 철학적인 말로는 욥의 영혼을 만족시킬 수 없었을 때에 하나님이 연속적인 질문으로 욥의 물음에 대답하신다.

(욥아, 우주를 창조하는 방법을 알고 있느냐? 너는 어미 사슴의 출산을 돕느냐? 내가 천둥과 번개를 칠 때 너는 어디에 있느냐? 이 세계를 운영하는 방법에 대한 단서라도 있느냐? 안심하라. 내가 질문을 하고 너의 불평에 대해 응답을 듣는 데에 네가 여전히 관심이 있는지 확인하겠다.)
(욥 41장의 작가의 다른 해석)
　　하나님의 영광스런 얼굴과 전능하심에, 욥은 누그러져서 말했다. "나는 깨닫지도 못한 일을 말하였고 스스로 알 수도 없고 헤아리기도 어려운 일을 말하였나이다(욥기 42:3)".

예레미야가 불평했을 때에 이러한 응답을 받았다. "만일 네가 보행자와 함께 달려도 피곤하면 어찌 능히 말과 경주하겠느냐? 네가 평안한 땅에서는 무사하려니와 요단 강 물이 넘칠 때에는 어찌하겠느냐?(예레미야 12:5)".

 본질적으로 하나님은 말씀하신다. "예레미야야, 네가 벌써 불평하느냐? 이것은 아직 12장이다. 아직도 40장이나 더 고통의 길을 가야 한단다! 너는 지금 이것이 힘들다고 생각하느냐? 내가 너를 얼마나 강하게 할지를 도무지 모르는구나."

 마찬가지로, 우리의 불평에 대한 응답으로 하나님은 우리에게 말씀하신다. "네가 생각하기를 너는 더 이상 견디지 못하리라고 생각하지만, 나는 이제 겨우 네 안에 인격의 충만한 힘을 창조하기 시작했단다. 너는 이제 온전히 나의 영광을 나타내기 시작했단다. 나는 너를 아무도 공격할 수 없는 이 세상의 그 어떤 것도 견뎌내는 난공불락의 요새로 만들고 있단다."

 심지어 예수님께서도 십자가 위에서 물으셨다. "어찌하여 나를 버리시나이까?" 시편 22편의 나머지 말들은 그의 고통의 자리를 반영했음이 확실하다: "후손이 그를 섬길 것이요 대대에 주를 전할 것이며 와서 그의 공의를 태어날 백성에게 전함이여 주께서 이를 행하셨다 할 것이로다(시편 22:30-31)".

 바울이 구원해 달라고 간구했을 때, 하나님은 대답하셨다: "나에게 이르시기를 내 은혜가 네게 족하도다 이는 내 능력이 약한 데서 온전하여짐이라 하신지라(고린도후서 12:9)". 하나님은 믿음이 충만한 불평을 은혜로, 성숙한 인격으로, 인내하는 능력으로, 그리고 끝내는 모두 온전하게 이루어지는 장기적인 계획으로 응답하신다.

7과_ 버림받은 마음

{깨달음 7.3}

내가 아는한, 불평에 대한 하나님의 응답은 이 타락한 지구상의 어떤 이도 온전히 만족시키지 못했다. 결코 우리

하나님은 믿음에 찬 불평을 은혜와, 인격성장과, 인내하는 능력으로 응답하신다

의 갈증을 온전히 풀어주지는 못한다. 모든 피조물은 이 임시 처소를 벗어나 낙원의 문을 통과할 날을 기대하며 탄식하고 있다. 그렇기 때문에 예수님은 성경의 마지막에 있는 요한계시록에 우리의 불평에 관한 그 자신의 대답을 주셨다. "내가 진실로 속히 오리라(요한계시록 22:20)".

우리의 신앙 생활에서 때때로 응답을 간절히 원하며 한 기도가 응답받지 못해 좌절하지만 그 이유를 이해하지 못할 때가 있다. 전반적인 역사를 통하여 믿음이 충만한 이들의 아름다움을 칭찬하면서 히브리서 기자는 말했다. "이 사람들은 다 믿음으로 말미암아 증거를 받았으나 약속된 것을 받지 못하였으니(히브리서 11:39)". 이 어두운 세상의 실망감에 부딪치며 꾸준하게 믿음직한 순종을 계속하는 동안에도 불평은 우리 마음에 자리를 잡고 있다.

내 친구 크리스를 위해서는 당신에게 이야기할 만한 승리의 이야기가 아직 없다. 그는 결국 우리들의 기도모임을 책임져야 하는 심적 부담이 너무 커져서 선교 사역을 사임해야 했다. 그 일을 생각할 때마다 나를 울게 만들었다. 우리는 아직까지도 그것을 이해할 수 없다. 이 땅에서의 어떤 불행에서 우리는 구제될 수 없다. 이곳에는 단지 믿음이 충만한 불평만이 있어 마치 제사장의 향기로운 술처럼 하나님 앞에 슬픔의 아픔을

쏟아낸다. 오 하나님, 얼마나 더 오래 기다리시렵니까?

우리는 예수님이 재림하실 때까지는 하나님이 우리의 기도를 어떻게 응답하셨는지 진실되게 평가할 수 없을 것이다. "어느 날 모든 무릎이 내게 꿇을 것이요 모든 혀가 하나님께 자백하리라(로마서 14:11)". "이기는 그에게는 내가 내 보좌에 함께 앉게 하리라(요한계시록 3:21)". "그가 우리들의 의도했던 본성, 우리들의 진정한 본체를 나타내실 것이다(요한계시록 2:17)". "그 때에는 오늘날 우리를 좌절시키던 것들을 온전히 알게 될 것이다(고린도전서 13:12)". "우리들은 하나님의 자녀로서 그와 함께 있을 것이다(요한계시록 21: 7)". 그날에 우리 아버지가 우리를 옆에 앉히고 그 모든 것들을 설명하실 것을 상상한다. 우리는 못 자국 상처가 있는 그 목수 예수님의 손이 우리의 모든 눈물을 닦아 주실 때 그 손의 어루만지심을 느끼게 될 것이다. 마침내 흐느껴 우는 것이 그치고, 애통함이 끝나고, 우리의 가슴에서 슬픔이 사라질 것이다. 그리스도께서 우리의 모든 일들을 바르게 만드실 것이다.

그 순간까지 우리는 모든 짐을 지시기에 충분한 넓은 어깨를 가지신 분에게 믿음이 충만한 불평을 올려드리며 위로를 받는다. 무한하신 능력으로 우리의 기도에 응답하신다는 약속을 실행할 때 우리는 진실하게 그에게 접근하고 그의 침묵으로 인한 마음의 상처도 인정해야 한다. 그의 마지막 응답은 결국 나를 위로해 주신다.

"내가 진실로 속히 오리라. 아멘 주 예수여 오시옵소서"[1]

7과_ 버림받은 마음

 토론을 위한 질문

1. 당신은 그리스도인으로서 기뻐하기를 원하지만 고통에 짓눌려 본 적이 있습니까?

2. 당신이 하나님께 응답 받지 못한 기도에 대해 불평하고 있습니까?

3. 성경에서는 하나님이 어떻게 불평에 응답하십니까? 그런 응답들을 당신은 어떻게 느낍니까?

4. 시편에서 기도의 불평들이 당신 자신의 문제들을 어떻게 해결하도록 도와줄까요?

5. 마침내 당신의 눈물을 예수님이 씻어 주신다면 어떤 기분이 들까요?

제8과 행군 명령
특단의 기도는 예수님의 기도 약속을 극대화한다

  기도에 기반을 둔 나의 사역에서 가장 흥분하게 하는 요소는 함께 일하는 사람들의 믿음이 자람을 지켜보는 것이다.
  앞서 우리가 몇 년 동안 신규 사원들을 모집할 때 어떻게 노력했는지 설명했는데, 많은 수의 새로운 선교사 후보자들을 추가한 후 2010년에 성장이 멈추는 것처럼 보였던 것도 설명했다. 그것은 사역이 너무 빠르게 자라는 것으로부터 보호하시려는 하나님의 방법인지도 모른다고 알아챘지만 우리 팀은 계속해서 기도했다. 하나님께서 우리의 기도에 응답하시고 모든 빈자리를 채우시는 모습에 감동을 받았지만, 한 동료의 반응에서 겸손해졌고 용기를 얻었다. 그의 이메일을 한 번 보자.

  보낸이: 나단
  날짜: 2010년 6월 17일

  3주 전에 전 세계의 우리 팀은 하나님께 선교를 위해 더 많은 일꾼들을 보내달라고 금식기도를 시작했습니다. 그 당시 우리는 그 해에

10명의 신규채용자들이 있었고 12명의 후보자들이 가까운 장래에 파이오니아 성경번역 선교회에 가입하겠다고 말했었습니다. 이 22명의 삶이 하나님의 은혜를 나타내기에 부족한 것은 없지만 내 영혼의 깊은 곳에서는 하나님이 좀 더 일을 이루시기를 원하신다고 느꼈습니다.

이 기간 동안 나는 뭔가 괴로운 느낌이 있었습니다. 추수할 일꾼을 모집하는 것이 진실로 누구의 책임인지 혼동하지 않도록 하나님께서 더 많은 응답을 미루시는 것 같다는 느낌이었습니다. 팀원들과 주일학교 교실에서 나는 하나님이 "그분 만이" 인정받고 경배 받을 수 있는 방식으로 어떤 일을 하시리라는 느낌이 든다고 이야기를 나누었습니다. 여러분들이 기억하시는 데로 제가 3주 전에 여러분께 하나님이 성령님을 이 사역 위에 보내셔서 하나님의 영광을 온 지구상에 퍼뜨릴 사람들을 보내주시기를 간구하는 일에 참가해 달라고 요청했습니다.

지난 3주 동안 하나님이 27명이나 더 우리의 기도에 응답해 보내주신 것을 기쁨으로 알려드립니다. 그의 거룩하신 이름을 찬양합니다. 하나님을 찬양합니다!

이 숫자가 당신에게 어떤 영향을 줄 지는 모르지만 나의 가슴은 지금 약속한 이 사람들에 대한 사랑과 기쁨으로 충만해 있습니다. 이 특별한 사람들 하나 하나는 하나님의 신실하심과 그들의 백성 가운데서 역사하심을 나타냅니다. 또한 예수님의 사명과 하나님 이야기의 확장을 나타냅니다. 이 소중한 사람들은 하나님이 실제로 존재하심을 믿습니다. 그들은 내가 너를 "결코 떠나거나 버리지 아니하리라."고 하셨을 때 하나님이 말씀하신 것, 그의 의도하신 것을 믿었습니다. 그들 중 많은 사람들이 아직도 잔뜩 공포에 쌓여 있을 때, 하나님이 이 일을 어떻게 처리하실지 의심을 하고 있을 때, 그들은 믿음으로 걸어 나와서 말했습니다. "하나님, 저는 순종하여 부르심에 나아갑니다!"

당신은 이 말을 듣지 못할지라도 내 마음은 하나님께 대한 감사함으로 가득 차 있습니다. 하나님은 이 사람들을 일찍 보내셨더라면 우리가 그일을 처리할 수 없었음을 아셨습니다. 또한 그가 받으시기에 합당하신 모든 찬양과 영광을 갖지 못할 것도 알고 계셨습니다. 하나님의 이름을 찬양합니다!

특단의 기도 전략을 따르는 것은 우리 모든 사역팀에게 어떻게 하나님의 능력을 믿고 다른 사람들을 믿음으로 불러내는지를 가르쳐 준다. 나단의 이메일에서 나타난 특단의 기도의 요소들을 알아냈는가?

- 그는 "하나님 이야기의 확장"에 대해서 기도했다. 다른 말로 하면 주님의 사업을 위한 예수 이름과 일치하는 것들을 구했다.
- 그는 주일학교 교실에서 믿음으로 하나님이 움직이신다고 말했다.
- 그는 우리가 기도하며 인내할 때까지 하나님이 기다리셨으므로 모든 명예와 영광이 하나님께 속한 것을 우리가 안다고 설명했다.
- 그는 동역자들과 지역사회에 이메일을 보내 일심으로 함께 기도하도록 했다.
- 그는 기도의 응답 받은 모든 자들의 믿음이 강건해 지도록 기도를 드렸다.

다시 말하면 나단은 특단의 기도의 모든 피스톤에 불을 질렀다. 그런데 그는 이 놀라운 신규직원 채용결과에서 하나님의 인정 점수를 얻기를 택한 것 같다. 그는 당시에 우리 단체의 신입사원 채용 하는 일의 선두자였다. 그렇지만 나는 이 이메일에서 그런 자존심의

특단의 기도 원리들을 실천하는 것은 믿음으로 인도하는 것이지 자랑하라는 것은 아니다

냄새조차 느끼지 못했다. 우리가 수년 동안 이 일이 이루어지도록 금식하며 기도해 오지 않았다면 자신이 인정 점수를 받으려고 시도할 수 있었을 것이다. 우리가 이 특단의 기도의 원리들을 실행했기 때문에 그는 자만하지 않았다. 그는 믿었다.

{깨달음 8. 1}

당신은 어떤가? 당신은 하나님께서 "무엇이든지 네가 구하는 것"을 시행하리라는 것을 믿을 수 있는 믿음에 서 있는가? 나는 하나님의 나라를 위한 계획과 예수님의 이름을 위해 어떤 일들을 하고 있는가? 나는 하나님만이 하실 수 있고 하나님의 나라에만 유익한 것들 중 어떤 일을 하고 있는가? 나는 어떤 방법들로 가족과 교회와 사역에서 하나님의 영광을 위해 분투하고 있는가? 만일 그 대답에 아무 것도 말할 것이 없다면 당신은 그리스도의 약속들에 진실로 접근할 수 없다. 그럼에도 불구하고 예수님은 당신께서 응답하시기로 약속하신 종류의 기도를 드릴 때에 오게 될 무한한 가능성들에 대해 당신 자신들을 열도록 초청하신다. 그리고 당신이 예수님의 인격과 계획에 일치하는 특별한 목적을 가진 기도단체에 믿음으로 다른 사람들과 연합되어 있다면 하나님의 주실 능력은 당신의 상상을 크게 초월할 것이다. 당신은 어떻게 "주인이 하는 것(요한복음 15:15)"을 알 수가 있고 그것을 하려고 하는가? 지금쯤이면 당신에게 어떤 특정한 지식이나 능력이 요구되지 않는다는 것을 깨달았을 것이다. 그러나 나는 특단의 기도의 모험을 통해 배운 전략들을 전해 주고자 한다.

1. 하나님께서 당신이 무엇을 하기를 원하는 지 알려주시기를 간구함으로 시작하라.

성경을 읽고 하나님 나라의 가치대로 움직인다면, 당신이 사는 곳이나 세계 곳곳에서 무엇이 변할 것인가를 상상해 보라. 당신은 아래 사항을 고려해 볼 수 있다.

당신 주위에 누가 예수님과 멀어져 살고 있는가?

당신이 보기에 누가 압박과 결핍으로 짓눌려 고통을 받고 있는가? 온 지구의 모든 사람들을 가르쳐 예수님을 따르고 명령에 순종하도록 예수님의 대사명을 이루려면 당신은 어떤 역할을 할 수 있을까?

당신이 하나님 나라를 섬길 때 일어날 불가능한 것은 무엇일까? 당신의 지역사회에서 어떤 달성하기 어려운 일을 예수님을 위해 이룰 수 있을까?

하나님이 그의 나라에서 당신에게 어떤 사역을 주셨는지에 대한 생각을 갖게 되면 하나님의 약속의 능력에 이르게 될 기도의 제목들을 갖게 된다.

2. 하나님의 임무 부여에 귀를 기울이라.

긴급해 보이는 모든 것을 당신 혼자 힘으로 할수 없다는 것을 깨달을 때에 자유함이 있다. 예수님처럼 당신에게 하나님이 보여주시는 것들만 하라.[1] 특단의 기도는 당신이 다른 사람을 기쁘게 하기 위해 어렵게 분투할 필요가 없다는 것을 깨닫게 할 것이다. 하나님으로부터의 지시와 함께 하나님이 당신에게 하라고 보여준 것에만 집중할 수 있다. 당신이 하나님께 안내해 주실 것을 간구할 때에 당신이 행할 중대한 일들을 보여주실 것이다. 내가 만약 한 주에 몇 시간이라도 하나님의 지시를 따른다면 내 계획대로 70시간의 주 중에 하는 일보다 더 많은 일을 이룰 수 있다. 기도는 부차적인 것이 아니라 시간을 절약하기 위한 내 유일한 희망이요, 지도력에서의 성공이요, 탈진을 피하기 위함이다. 하나님과 친밀함은 내가 지도자 일을 감당하기에 필요한 힘과 지시를 얻기 위하여 퍼 올리는 우물이 된다. 만약 당신의 사역이 탈진하고 있음을 발견하게 되면 마음을 편하게 가지라. 사람들이 당신이 하기를 기대하는 것들을 중지하라. 매일 하나님이 당신에게 원하시는 일을 발견하는데 시간을 투자하라. 숨을 크게 쉬라. 더 긴 시간을 힘들게 일한다고 당신의 문제들을 해결할 수가 없다. 오히려, 하나님의 지시와 주시는 힘을 가지고 지혜롭게 일하여 문제들을 해결한다.

3. 전략적인 기도 제목을 준비하라.

먼저 영적인 안내를 받으려고 당신을 기다리고 있는 사람들의 명단을 만들어라. 당신이 영향을 주는 사람들은 누구인가? 당신은 어머니인가? 회사의 최고 경영자인가? 육아실 교사인가? 기술자인가? 장로인가? 당신이 누구든 간에 하나님이 당신의 삶에서 그들을 양육하고 강건하게 하라고 사람들을 맡기셨다. 그들의 이름을 적은 후에 그들의 삶 가운데서 예수 그리스도의 이름과 성품에 일치하는 것들을 위해서 기도하라. 당신이 "주님의 사업"에 관해 기록한 기도제목들을 보관하도록 하라. 이 사람들은 당신이 잘 알고 있는 사람들이므로 하나님이 그들의 인격을 더욱 경건한 길로 가도록 기도제목들을 작성하는 것은 어렵지 않다. 당신은 하나님이 그들에게 성취하도록 주신 과업을 이루기에 방해가 되는 육신적 몸부림을 알 수도 있다. 나는 우리 자녀들이 학교에서 공부를 잘 하는 것과, 그들에게 합당한 배우자들을 주시기를 위해서 수 년 동안을 기도해 왔다. 또한 하나님이 그들에게 세계를 향하여 큰 선교적 사명을 주시기를 기도해 왔다.

당신이 인도하는 사람들을 위해서 기도할 때에 하나님이 그들의 교회나 사역을 위해 그들이 해야 할 일들을 더욱 능력 있게 성취하기 위해 특별한 방법들로 사용하심을 알게 될 것이다. 나는 그들에게 더 큰 능력으로 복이 될 성경구절을 택하여 정기적으로 그 성경구절을 붙잡고 기도한다. 한 예로 당신은 레위기 26:6, 9-12절을 읽을 수 있다. "내가 그 땅에 평화를 줄 것인 즉 너희가 누울 때 너희를 두렵게 할 자가 없을 것이며 내가 사나운 짐승을 그 땅에서 제할 것이요 칼이 너희의 땅에 두루 행하지 아니할 것이며…. 내가 너희를 돌보아 너희를 번성하게 하고 너희를 창대하게 할 것이며 내가 너희와 함께한 내 언약을 이행하리라 너희는 오래 두었던 묵은 곡식을 먹다가 새 곡식으로 말미암아 묵은 곡식을 치우게 될 것이며 내가 내 성막을 너희 중에 세우리니 내 마음이 너희를 싫어하지 아니할 것이며 나는 너희 중에 행하여 너희의 하나님이 되고 너희는 내 백성이 될 것이니라."

당신이 무엇을 더 기도해야 할 지 모른다면, 성경의 약속된 축복을 그 사람을 위해 반복하면 그에게 영감을 주는 안내자가 될 수 있다.[2] 그 목록을 보관하고 있다가 기회가 되는 대로 그들을 기도로 하나님 앞에 올려드려라. 당신의 영향 아래 있는 사람들을 위해서 기도함으로 그들이 중대한 도움을 받게 될 것이다. 모세가 중대한 전쟁 중에 여호수아를 후원함으로 이 일에 모범이 되고 있다. 여호수아가 싸우려 나갔을 때에 모세는 산으로 올라가서 전쟁의 상황을 보며 기도한다. "모세가 손을 들면 이스라엘이 이기고 손을 내리면 아말렉이 이기더니(출애굽기 17:11)". 모세가 기도하기에 너무 피곤하여 그의 팔이 양옆으로 내려오기만 하면 하나님의 백성을 적들이 이기기 시작하였더라. 당신의 사역이 무엇이든지 간에 – 어머니, 아버지, 혹은 장로이든지 아니면 설교자이든 간에 비슷한 역학 관계임을 발견하게 될 것이다.

당신이 영향을 주는 사람들을 위한 기도를 한 후에 당신의 목회나 교회 단체와 협동으로 만들어 낸 두 번째 전략적인 기도 제목들(4번 항목을 참조)을 시작하라. 두 항목 모두를 기도하는 동안 이 사람들과 사역에 관해 매일 하나님이 원하시는 기도의 순서를 알아보라. 이런 기도 응답의 일부로 하나님께서 당신이 하기를 원하시는 것들이 무엇인지 여쭈어 보라.

4. 끈기있는 연합된 기도를 위해 믿음 공동체 사람들과 정기적으로 모이자.

두 번째 전략적인 기도 제목들은 당신의 교회와 사역을 위한 예수님께서 하신 "무엇이든지 구하라"는 능력의 약속을 이루게 하는 하나님의 지시 사항들을 포함하고 있다. 그것을 구체적인 기도제목으로 만들면 정기적으로 기도하도록 영감을 받게 되고, 특히 기도에 응답해 주신 것을 추적해 볼 때 더욱 그러하다.

연합된 기도를 드리기 위해서는 당신의 영향을 받는 범위 안에 있는 사람들을 모아서 일주일에 한 번, 또는 매일 아침에 하나님께 나갈 수 있도록 하라.

만일 당신의 가족이 있다면 자녀들과 시작할 수 있다(어떤 사람들은 이것을 "가족 헌신"이라고 부르지만 우리 집에서는 이를 "가족 소동"이라고 말한다). 당신은 아마 주일학교에서 더 연장되고 집중적인 기도 시간을 인도할 수 있을 것이다. 당신이 장로라면 이 특단의 기도를 장로회의에 포함시킬 수 있다. 당신이 목회팀을 인도한다면 매일 사무실에서 전략적인 기도로 시작하라. 당신의 기도 팀원들에게 예수님이 가르치신 기도 원리를 적극 활용하도록 가르치라. 필요가 생길 때마다 팀원들에게 서로의 잘못에 용서를 구하고 격려함으로 단체의 연합을 조심스럽게 보호하라. 하나님께 각기 응답 받은 기도들에 대해 감사하고 각각의 응답들을 축하하라. 하나님이 어떤 기도는 단정적으로 응답 받지 못한 기도로 남겨두셨고, 당신도 왜 그런지 이해하지 못할 때에 믿음으로 충만한 불평을 올려드려라. 예수님은 약속을 지키시기에 우리가 예수님이 가르쳐 주신 기도를 드리기만 하면 우리의 삶이 결코 같을 수 없다!

5. 기대하며 기도하라.

만약 당신의 마음이 불안, 염려, 혹은 앞에 닥친 일들로 인해 기도에서 멀리 떠나 방황하고 있다고 죄의식을 느끼지 말라. 기도할 때 당신이 악하다고 가정하지 말라. 당신의 생각을 다스리라. 성령님이 당신이 무엇을 기도해야 할 지 알려줄 수 있다. 당신의 마음에 생기는 모든 불안들을 하나님께 올려 드려라. 당신이 아는 어떤 사람이 생각나거든 그를 위해 부르짖으라. 당신의 마음에 있는 모든 염려들은 당신의 기도시간을 더욱 길어지게 하고 더 달콤하고 더 큰 평화를 가져다 줄 것이다.

우리의 믿음이 없음은 미묘해 보일 수 있지만 우리가 기도를 시작할 때에 하나님이 그 것에 큰 글자로 붉은 X 표시를 하실 것을 기대할 수 있다. 내가 처음 특단의 기도를 실행할 때에 나는 손에 펜과 종이가 없이 하나님의 지시를 받기 위해 기도하는 것은 불신앙의 반짝이는 네온 싸인과 같은 것임을 즉시 깨달았다. 내가 만일 하나님께서 무엇을 해야 할 지 지시를 주신다고 믿었다면, 나는 그의 지시들을 적을 것을 준비했어야 했다. 기도 시간에 펜을 가지고 오기 시작하자, 나는 즉시 기도 제목의 여백과 뒷면에 해야 할 일들의 목록으로 채워 나가기 시작했다. 그러나 이 목록들은 기도하기 전에 내 자신이 만들었던 목록과 달랐다. 이 목록으로 그 기도들이 실제로 이루어지면 그 항목들을 지워 나갔다!

기도는 하나님으로부터 지시사항을 받아 기록함과 같다.

(깨달음 8.2)

처음에 내 믿음이 부족함으로 넘어진 적이 있다. 내가 우리 기도팀과 기도를 시작했을 때, 나는 "장기간" 드리는 기도 제목들을 만들었다. 우리의 요구 사항들이 너무 어려워 하나님이 응답하시기에 시간이 오래 걸릴 것이라고 추측했기 때문이다. 한 일년 쯤 지난 후 하나님이 기도를 너무 급하게 응답해 주셔서

기도는 하나님께로부터 지시사항을 내려받는 것과 같다

그 기도제목을 오랫동안 가질 수 없음을 알았다. 그래서 나는 생각했다. 어떤 것도 하나님은 못하실 것이 없구나! 내가 그것을 특단의 기도 제목이라고 부르기 시작한 후 부터였다. 점차적으로 우리가 보아온 대로 선교사들이 모집되었고, 성경들이 번역되었고, 그리고 모으기 힘든 액수의 거금이 모아졌고, 우리 모든 선교팀의 믿음이 성장했다. 지금은 너무 많은 기도들이 응답 받았음을 보게 되어 우리의 꿈이 무서울 정도로 크게

자라났다. 결국 예수님이 "무엇이든지 구하는 대로"라고 약속을 하셨기 때문이다. 사실 예수님의 이런 백지 수표 같은 약속들은 단지 하나님 나라 발전 뿐만 아니라 우리의 예수님께 대한 믿음도 증가시키기 위한 것이었다. "인자가 올 때에 세상에서 믿음을 보겠느냐 하시니라(누가복음 18:8)". 특단의 기도는 예수님이 다시 오실 때에 이 땅에 진실로 믿음이 있음을 보장하기 위한 예수님의 기획이다. 우리가 특단의 기도드리는 방법을 배우게 될 때에 예수님은 당신과 내 안에서 믿음을 보실 것이다. 나는 예수님이 이 세상에 다시 오셔서 온 지구상에 믿음이 있는 남녀들로 가득 차 있음을 발견하신 기쁨에 찬 얼굴을 뵙게 될 것을 오래 기다릴 수가 없다. 나는 예수님이 당신과 나의 모든 행위에서 믿음이 솟아남을 보게 되기를 기도한다.

 토론을 위한 질문

1. 당신의 삶에서 특단의 기도 원리를 적용하기 위해 이번 주에 당신이 제일 먼저 해야 할 과정은 무엇입니까?

2. 당신은 어떻게 예수님 이름으로 드리는 기도를 촉진시키고 실행하려 합니까?

3. 당신은 어떻게 믿음의 기도와 충실함의 기도를 증진시키고 실행하려 합니까?

4. 당신은 어떻게 끈기 있는 기도를 촉진시키고 실행하려 합니까?

5. 당신은 어떻게 연합된 집단기도를 실행하고 촉진 하시겠습니까?

6. 당신은 믿음을 굳건하게 하기위한 구체적인 기도를 촉진하고 실행 하시겠습니까?

결론_ 서성거리지 말라

서성거리지 말라
기도가 세상을 뒤흔든다

나는 아직도 1995년에 거의 선교를 그만두고 이혼까지 하려고 했던 서아프리카의 수풀을 무거운 발걸음으로 걸어가던 때를 기억한다. 아내와 내가 기도에 집중하게 됨으로 하나님의 도움을 경험하고 그후부터 우리가 필요로 했던 변화를 체험하게 되므로 하나님께 감사를 드린다. 지금은 우리가 일하던 서아프리카 지역사회는 모국어로 된 전권 성경을 가지고 있다. 1995년에는 단 하나의 작은 교회가 있었는 데 지금은 여러 개의 교회들이 있어 성장을 위해 일하고 있다. 우리가 기도의 전략을 가지고 선교를 시작했던 2007년부터 하나님이 극적으로 우리 팀을 성장시켜 주시고 막중한 경제적, 개인적인 어려움들을 극복하도록 도와 주셨다. 우리가 특단의 기도를 강조하기 시작하던 때부터 우리 팀은 다섯 나라의 35개 언어 종족들, 9백만 명의 사람들을 위해 성경을 번역하고 있었다. 6년 후에는 우리들이 최소한 2천 6백만 명, 14개 나라 60개 종족의 언어로 성경을 번역하게 되었다. 우리들은 주변에서 성령님이 크게 역사하심을 보았다. 우리들은 이런 기도의 응답들을 돌아보면서 물었다.

"하나님이 하신다면, 무엇이 그에게 불가능하겠는가?" 그 결론을 가지고 우리 선교 이사회는 성경 번역 일에 집중하여 2050년까지 250개의 번역 사역을 시작하고 끝내겠다는 목표를 세웠다. 우리가 세계에 남아있는 번역 사역의 10퍼센트가 더 되는 분량을 완성한다면 우리의 많은 동역 기관들이 다가오는 세대에 번역 과제를 끝낼 수 있으리라고 평가했다.

우리의 목표가 인간의 힘으로는 불가능하다는 것을 나는 알고 있다. 그러나 예수님이 이미 그 전략을 주셨다. 우리는 예수님이 무한하신 능력으로 응답 하시겠다고 약속하신 그런 종류의 기도만을 드릴 것이다. 나는 어떤일이 일어날 지 기다릴 수 없다! 지난 이십 여 년 동안 나는 자연스럽게 나 자신의 이야기에 초점을 맞추어 판단해 왔다. 많은 사람들처럼 나의 기도는 한 때 가장 일반적인 개인 관계나, 건강 문제, 그리고 개인적인 결정들에 대해 집중되어 있었다. 많은 다른 그리스도인들처럼 내 인생이 비극으로 끝나버리거나, 희극 또는 멜로 드라마가 될런지, 또는 하나의 모험 이야기가 될 지 알고 싶었다. 내 기도는 정말이지 하나님이 내 이야기를 내가 꿈꾸는 대로 이루어 달라는 요구였다. 지금 나는 하나님의 천국 우선주의의 관점을 알았고, 예수님도 기도를 세상 우선주의로 보지 않으셨다는 것을 안다. 예수님은 우리가 눈을 높이들어 우리의 목적을 높은 수준에서 이해하도록 도전을 주신다. 하나님의 역사적인 계획은 보이지 않는 계획과, 보이지 않는 적들로 특징 지어진다. 이 이야기에서 예수님은 주연이시고 우리는 모두 우리의 역할을 버리고 중요하지 않는 조연으로 무대를 어정거리다가 주연을 보조하는 말을 하도록 도전을 받았다.

우리의 삶에는 급변하는 충돌들과 사고들이 있을 것이다. 우리 삶에는 그 누구도 살아남지 못할 것 같은 어려움이 있고 아무도 아픈 상처들을 피하지 못할 것이다. 우리 주위에는 보이지 않는 총알들이 스쳐 지나가고, 삶은 눈에 띄지 않는 전쟁의 열기로 인해 황폐해졌다. 우리의 눈들은 주변에서 전개되는 영적인 이야기들에 대해 감겨져 있지만, 영혼 깊은 곳에서는 우리 모두가 어슴푸레하게 어떤 장엄한 연극이 이 지구상에서 전개되고 있음을 깨닫고 있다. 그 핵심에 있는 하나님의 이야기는 모험 활동이 아니다. 하나님이 각 사람을 사랑하시며 역사가운데서 그의 계획을 이루시려고 인내하시며 일하실 때에 매일 아름다운 사랑 이야기가 전개될 것이다. 하나님은 모든 틀어진 복잡한 음모들을 그의 섭리에 따라 영원토록 행복하게 살았다는 이야기로 만드신다. 마지막에 예수님은 그의 신부들을 맞이하게 된다. 하나님의 나라가 도래하게 된다. 하나님의 뜻이 실제로 하늘과 땅에서 이루어진다.

예수님이 우리를 하나님의 이야기 가운데로 불러들이기 위해 기도에 대한 무제한의 약속들을 하셨다. 예수님은 수 없이 많은 보이지 않는 영적 관중들에게 무한하게 지혜로우신 분이요, 아름다움이 특별하시고, 비할 수 없이 광대하심을 증명하시기 위하여 우리를 통해 역사하신다. 예수님은 전략을 세워 우리들의 삶의 이야기 속에 넣으심으로 천사들이 너무 놀라 큰 갈채를 보내고 악령들 마저도 마지막에는 떨며 서서 그의 영광을 고백하도록 의도하셨다.[1] 이런 기도에 대한 이야기들은 예수님의 승리에 대한 웅대한 이야기에 들어오도록 속삭이는 초청이다.

{깨달음 C.1}

당신이 지속적으로 기도한다면, 당신이 만나게 되는 도전을 극복하게 된다. 만약 기도를 통해 하나님의 능력이 나타나지 않는다면 당신의 인생은 실패로 끝나게 될 것이다. 그의 삶과 그의 가르침의 양면에서 예수님은 우리에게 ACTIVE의 균형을 맞춘 기도생활을 발전시킬 것을 도전하게 하신다. 우리의 기도는 찬양(A, Adoration), 고백(C, confession), 감사(T, Thanksgiving), 중보(I, Intercession), 그리고 눈에 보이지 않는 우리의 적들을 물리치는 기도(V, Vanquish)를 드려야 한다. 어떤 단계에서는 예수님이 특단의 기도(E, Extreme Prayer)의 원리를 적용하

예수님은 우리를 하나님의 이야기에 불러들이기 위해 기도에 대한 무한하신 약속들을 주셨습니다

시며 의도하신 대로 세계를 변화시키는 수준까지 우리의 기도를 끌어 올려야 한다. 나는 바로 성경에 나온 마지막 예를 남기고 끝을 맺는다. 처음 믿던 성도들이 예수님의 기도 원리들을 적용하였을 때 하나님이 어떻게 역사하셔서 그들 주변의 세계를 변화시켰는지를 보며 우리가 배운 교훈들을 생각해 보자.

하나님은 예수의 이름으로 드려진 기도에 응답하신다. 베드로가 말하기를, "그 이름을 믿으므로 그 이름이 너희가 보고 아는 이 사람을 성하게 하였나니 예수로 말미암아 난 믿음이 너희 모든 사람 앞에서 이같이 완전히 낫게 하였느니라(사도행전 3:16)".

하나님은 믿음으로 불타는 신실한 기도에 능력있게 응답하신다. "사람마다 두려워하는데 사도들로 말미암아 기사와 표적이 많이 나타나니

(사도행전 2:43; 3:6, 9:40; 16:25-26)".

하나님은 끈질긴 기도에 응답하신다. "여자들과 예수의 어머니 마리아와 예수의 아우들과 더불어 마음을 같이하여 오로지 기도에 힘쓰더라(사도행전 1:14)".

하나님은 서로 조화를 이루고 연합된 단체로 드리는 기도에 응답하신다. "(베드로가) 깨닫고 마가라 하는 요한의 어머니 마리아의 집에 가니 여러 사람이 거기에 모여 기도하고 있더라(사도행전 12:12)". 하나님은 베드로와 동역하는 성도들의 기도에 응답하셔서 베드로를 기적적으로 감옥에서 풀어 주셨고, 베드로가 동역자들에게 이 사실을 알리려고 왔을 때까지도 그들은 기도하고 있었다(사도행전 2:1; 2:42-44; 13:2; 20:36; 21:5).

하나님은 구체적인 기도에 응답하신다. "보블리오의 부친이 열병과 이질에 걸려 누워 있거늘 바울이 들어가서 기도하고 그에게 안수하여 낫게 하매(사도행전 28:8; 또 4:29-30; 9:40; 12: 5)".

하나님은 우리가 계속해서 순종하는 삶을 살아갈 때에 우리의 불평도 들어 주신다. 유대인의 지도자들이 베드로와 요한에게 다시는 예수의 이름으로 다른 사람들에게 말하지 말라고 경고한 후에 그들을 쫓아냈다. 그러나 사도들이 돌아와서 다른 신자들에게 공회의 위협에 대해서 이야기를 했다.

그들이 그 보고를 들은 후에 모든 신자들이 함께 목소리를 높여 하나님께 기도하였다. 그들이 듣고 한 마음으로 하나님께 소리를 높여 이르되 "대주재여 천지와 바다와 그 가운데 만물을 지은 이요 또 주의 종 우리 조상 다윗의 입을 통하여 성령으로 말씀하시기를 어찌하여 열방이 분노하며 족속들이 허사를 경영하였는고 세상의 군왕들이 나서며 관리들이 함께 모여 주와 그의 그리스도를 대적하도다 하신 이로소이다. 주여 이제도 그들의 위협함을 굽어보시옵고 또 종들로 하여금 담대히 하나님의 말씀을 전하게 하여 주시오며(사도행전 4:24-26, 29)".

그들의 기도는 능력으로 응답을 받았다. "빌기를 다하매 모인 곳이 진동하더니 무리가 다 성령이 충만하여 담대히 하나님의 말씀을 전하니(사도행전 4:31)". 모임 장소가 흔들릴 뿐 아니라 모든 세계가 그 후로 계속 전율했다. "그들이 베드로와 요한이 담대하게 말함을 보고 그들을 본래 학문 없는 범인으로 알았다가 이상히 여기며 또 전에 예수와 함께 있던 줄도 알고(사도행전 4:13)".

하나님을 신뢰하던 평범한 남녀들이 그 기도 모임을 떠난 후 그들에 대하여 격노하던 왕국과 국가들을 변화시켰다.

몇 백 년이 되기 전에 황제 자신도 예수님을 믿었다. 전 세계적으로 문화와 가치관들이 바뀌고 질서를 잡아 갔다. 온 국가들이 예수님과 그를 따르는 자들의 이상 위에 세워졌다. 그 기도 모임의 여진이 온 지구를 가로질러 파문을 일으켰다. 지금 나는 그것을 특단의 기도라고 부른다!

{깨달음 C.2}

우리는 평범한 사람들일지라도 예수님이 우리의 기도에 응답하시겠다고 약속하셨으므로 우리는 이보다 더 큰 일도 할 수 있습니다

제자들을 세상으로 보내셨던 바로 그 예수님이 우리를 다시 보내신다! 기도에 대한 예수님의 약속을 적용하면 다른 사람들이 우리가 "예수님과 함께 있었다"는 것을 알게 될 것이다. 그것이 얼마나 극단적인 것처럼 보이든지 예수님은 우리의 기도를 들어 주시겠다고 약속하셨다. 우리들이 학문이 없고 평범한 사람일지라도 우리의 기도를 들어 주신다고 약속하시기 때문에 우리들은 "그보다 큰 일"도 할 것이다(요한복음 14:12)!

하나님은 전략에 대해서 기도할 때 우리에게서 돌아서지 않으시고 기도가 전략이 되도록 만드시기를 원하신다. 하나님이 우리가 구하는 것들을 진실로 행하실까? 우리의 흔들리는 삶을 뒤로두고 그보다 온 세상을 흔들기 시작할까? 우리가 놓지 못하는 중독들을 부수기 위해 그의 능력을 간구할까, 더 큰 거룩함을 열망할까, 온 도시를 변화시킬까, 전쟁을 멈추게 할까, 문화의 혁명을 일으킬까, 그리고 더 나가서 하나님의 나라를 모든 민족들에게 가져다 줄까? 나는 그것을 제공하는 단 한 길을 알고 있다. 나는 당신에게 그것을 사용해 보라고 도전을 주고 싶다.

 토론을 위한 질문

1. 당신은 삶에서, 사역에서, 혹은 직장에서 특단의 기도가 어떤 변화를 주기를 바랍니까?

2. 당신이 배운 하나님의 목적 중 가장 중요한 것들을 한 두 가지 적어 보세요. 그리고 이 책을 읽은 결과로 알게 된 당신과 당신의 목적에 대해서도 적어 보세요.

3. 당신의 지인들에게 예수님이 응답 하시겠다고 약속하신 종류의 기도를 드리도록 어떻게 도와줄 수 있겠습니까?

[권말 주석]

서문: 동요하지만 망가지지는 않는다
1. 역대하 16:9
2. 예레미야애가 3:22-23

제 1과 백지 수표
1. 나는 인터바시티 크리스천 펠로우십에서 일할 때에 처음으로 "기도는 전략이다"라는 구문을 들어 보았다.
2. 내가 대학교에 다닐 때에 맥스 루카도가 말한 응답 받지 못한 기도에 대한 설교에 고무되었다. 그 설교에서 그는 조직적으로 수많은 기도에 관한 성경구절들을 살펴보았다.
3. 만약 당신이 기도와 영적 전쟁에 대해 읽는 것에 흥미가 있다면 저는 당신에게 데이빗 버트의 책 "악마가 교회에 간다: 사탄의 매일의 공격과 싸우기(The Devil Goes to Church: Combating the Everyday Attacks of Satan)(Terre Haute, IN: Prayer Shop Publishing, 2009)"를 권한다.

제 2과 그 이름의 능력
1. 요한복음 11:35
2. 요한계시록 7: 17; 21:4

제 3과 백지 위임
1. 야고보서 2:19에서 언급한 귀신들의 경우를 제외하고
2. 히브리어 amen의 의미 중 하나는 "굳게 만든다"라는 뜻을 가지고 있다. 그것은 심지어 단단한 기둥 같은 건축물 받침을 말할 수도 있다(Francis Brown, S.R. Driver 와 Charles A. Briggs, A Hebrew and?English Lexicon of the Old Testament [구약의 히브리어와 영어 사전](Oxford: Clarendon Press), 52?

신실함이라는 단어도 바로 이 어근에 근거하고 있다. 그러므로 보이지 않는 진리를 믿는다는 것은 그것이 확고하고 안정됨을 이해하고 그 진리를 신뢰하여 행동에 옮김을 의미한다. 예를 들면, 하나님이 아브라함에게 자식을 주시리라고 약속하시고, "아브람이 여호와를 믿으니(창세기 15:6)." 그 결과로, 그가 하나님과 언약을 맺었다. 출애굽기 4:31에 백성들이 "믿었고"그리고 머리 숙여 경배하였다. 요나서 3: 6에는 니느웨 사람들이 "믿었음으로" 그들은 금식하였다. 같은 기본적인 움직임이 히브리서 11장의 신약 헬라에서도 일어났다. 사람들이 그들의 믿음에 대해 확언하고 그들이 믿는 것을 근거로 위대한 행동을 취했다. 오늘날 어떤 그리스도인들은 성경의 사실들에 대한 지식적 동의로 믿음의

제자훈련을 대체할 수 있다고 믿는다. 위에서 서술한 구절들과 같이 그것이 성경적인 개념의 믿음과 믿음의 행동의 방법이 아니다. 그래서 예수님이 우리에게 믿음으로 기도하고 그 것을 믿으라고 우리를 도전하실 때에 그의 생각은 충실하고 의뢰할 만한 사람으로의 소명이 포함되었을 것 같다.

3. 고린도후서 4:7
4. 요한복음 9:3
5. 고린도후서 5:1-5 6. 요한복음 16:33

제 4과 부끄러움 없는 뻔뻔함

1. 누가복음 11:1,5-13;18:1-8.
2. 이 치료는 아프리카 시골에 사는 사람들에게 광범위하게 필요하다. http://www.worldconcern.org/44centcure/.을 보라.

제 5과 교향곡

1. 누가복음 15:25
2. Barclay M. Newman Jr., A Concise Greek-English Dictionary of the New Testament [신약성경의 간명한 헬라어-영어 사전](슈투트가르트. 독일: 연합 성서 공회, 1971), 엔트리 4968.

제 6과 봅슬레이로부터 로켓까지

1. 나는 20여 년 전에 인터바시티 크리스천 펠로우십 간사가 전한 경건회 말씀을 통해 처음으로 "믿는 자 중심"의 기도에 대해서 들었다.
2. 사도행전 26:29; 로마서 10:1; 디모데전서 2:1-4 3. 요한복음 12:10.

제 7과 버림받은 마음

1. 요한계시록 22:20

제 8과 행군 명령

1. 요한복음 5:19
2. 당신이 남을 위해서 기도할 때에 포함할 수 있는 다른 성경 구절들: 신명기 28:3-13; 마태복음 5: 3-11; 고린도 전서12: 8-11; 고린도 전서 13: 4-13; 갈라디아서 5: 22-23; 에베소서 6: 10-20; 빌립보서 3: 1-11

결론 서성거리지 말라

1. 에베소서 3:10

감사의 글

· 특 · 단 · 의 · 기 · 도 ·

나는 하나님이 가르쳐 주신 가장 중요한 것을 나누고자 이 책을 썼습니다. 그러나 하나님은 다른 사람들을 사용하셔서 그것을 가르치셨습니다. 이 책에 도움이 되신 모든 분들께 진심으로 감사드립니다.

나에게 기도를 가르쳐 주신 부모님께 감사를 드립니다: 인내하신 시간들과 훌륭한 모범에 감사를 드립니다! 성경의 귀중함과 하나님의 말씀을 다른 사람들에게 가르쳐야 함의 중요성을 보여 주심에 감사를 드립니다. 나는 요동하지 않는 믿음의 모범을 보기위해 결코 멀리 갈 필요가 없었습니다. 전체 책의 원고의 진행과 개선을 도와주신 어머니께 특별한 감사를 드립니다. 항상 나와 함께 부르심보다 더 높이, 넘치도록 과제를 도와주신 어머니께 감사드립니다.

나의 아내 레베카에게…. 어디서부터 시작을 할까요?

당신의 성품과 인내심이 우리를 성경번역 사역자로 이끌었습니다. 성경번역 사역이 우리의 꿈이 되었는데, 당신이 먼저 그꿈을 꾸었습니다.

코란을 믿는 사람들에게 예수님을 가르치고자 하는 내 열정을 받아들인 당신께 감사드립니다. 당신은 12년 동안의 서아프리카 마을생활을 내 생애 중 가장 위대한 시간으로 만들었습니다!

당신이 우리의 가족과 가정을 거친 환경 가운데서 아름답게 만들었습니다. 나는 당신이 나를 저항할 수 없는 호기심과 열정으로 채우기에 결코 실패한 적이 없는 내가 도저히 이해할 수 없는 아름다움, 신비함, 낭

만적인 수수께끼와 같은 사람으로 남아 있음에 감사합니다.

나를 영적으로 지도해 주고 모범으로 나에게 설교를 가르쳐 준 멕스 리카도에게: 예수님과 더욱 분명하고 밀접한 관계를 갖게 해 주어 감사합니다. 내가 만난 사람중에 가장 위대한 겸손의 모델이 되주어 감사드립니다. 권두어를 써주고 나를 신임해 주어 고맙습니다.

서아프리카에서 우리의 길을 인도한 브레드와, 에스텔 윌리트: 한 번도 히나님을 들어본 사람이 없는 곳에서 어떻게 하나님을 섬기는지 보여주셔서 감사합니다.

나의 지도력의 전임자, 론달 스미스: 강한 지도력은 항상 기도로 시작해야 함을 보여주어 감사합니다. 지도자들은 그들의 전 생애를 통해 탈진이나 스캔들에 빠지지 않고 영적으로 풍성할 수 있음을 본보기로 보여주셔서 감사합니다.

이 책을 쓰는 일에 원형 구성을 도와주고 나에게 7장을 쓰도록 인도한 예리한 질문들을 한 멘디: 내 생각을 넓혀준 친절에 감사드린다.

이 책을 쓰도록 영감을 준 돌 드룰만: 나의 쓴 글을 교정해 주어 감사드립니다.

나의 불분명한 생각들을 사람들이 읽고 이해할 수 있는 형태로 만들도록 도와준 편집자, 준 킴 밀러: 나를 분명하게 되도록 도와줌에 감사합니다.

_ 그렉 프루엣

특·단·의·기·도

저자소개

그렉 프루엣

2007년 1월부터 텍사스주의 달라스에 위치한 파이오니아 성경 번역 선교회의 총재로 섬겨왔다. 그 전에 그렉은 아내 레베카와 세 자녀들과 함께 12년여 동안 서아프리카에 살며 신약과 구약 전권 성경을 얄룬타어로 번역하였고 전통적으로 코란을 따르는 사람들에게 예수님의 사랑을 나누었다. 그렉은 인터넷, 휴대폰을 통하여 교회 지도자들과 교제하며 년 중 서아프리카 방문을 통하여 얄룬카 종족 중에 교회 개척을 감독해 왔다. 그는 텍사스 A&M에서 토목 공학 학위를 취득하였으며 풀러신학교의 석사 학위를 마친 후, 박사학위를 위해 계속 공부하고 있다. 또한 노스다코타 대학원의 응용 언어학 석사학위를 취득했다.

역자소개

정 봉 수 (목사/선교사)

- 그리스도 신학 대학교 기독교 사회사업과 진공
- 홀트 아동복지회 특수복지부
- 에블린 기독교 대학교 사회 사업학 학사, 인간관계와 경영학 석사
- 웨스트민스터 신학교 종교학 석사, 목회학 석사
- 미국장로교 목사 안수
- 미주 한인목회
- 위클리프 성경번역 선교회 C국 멤버케어
- 미주 한인 교회 동원사역 담당

특 단 의 기 도

그렉 프루엣 / 정봉수 역

발 행 일 | 2022년 9월 30일

발 행 인 | 정봉수

편집디자인 | 민디자인

펴 낸 곳 | 라임출판사

ISBN : 979-11-979905-0-2 (03230)

전   화 | 010-2098-1844

이 메 일 | haejin0800@gmail.com

정가 12,000원